全世界倾听你朗读　让朗读的分贝响亮

中国孩子的朗读手册

陆智强　编　著

山西出版传媒集团
山西教育出版社

目　录

序一

朗读教师小陆

小陆是一个朗读者，但更是一位朗读教师。

当他第一次告诉我，他准备写一本关于“朗读”的书的时候，我当然鼓励他去尝试，因为“朗读”是他的长处——只要听听他的声音，就会觉得上天实在太眷顾于他；况且即便他没有这样的“长处”，我也不可能给这样的年轻人泼冷水，不管是否写得出，有想法和热情总是好的。但我内心却觉得，小陆虽然是个才华横溢的青年，但真要写出一本书，而且是一本学术性、实用性兼具的书，又是一本谈“朗读”的书，我判断是有点难度的。因此，对小陆的这个计划，我可谓既期盼已久，但同时又没有抱太大的期望。

现在不得不说，我最初的判断是错误的。

很高兴我的判断错误。

书稿我读了三遍——从没有这么仔细地审读过一个年轻老师的书稿，我甚至还帮他找出了几处排版错误，每读一遍，都让我更加欣喜地确认了自己先前判断的错误。我发现手中的这本书稿，不仅兼具学术性和实用性，而且在许多篇章的字里行间，可以看到有才华在闪亮，也有对教学、对儿童的热爱在喷涌。

阅读这部书稿，是一种有趣的体验。我多次在不知不觉中随着小陆老师介绍的方法朗读起来。我认为这是这本书区别于其他关于朗读的学术专著的地方：实用，可操作，又不枯燥。本书中介绍的那些朗读技巧，不论是一般性技巧还是特殊技巧，也不论是记叙文朗读、童话朗读还是其他题材作品的朗读，都尽可能做到了阐释简洁明了，同时又有非常具体的案例佐证，还有规范的朗读资料汇总，以及各年级朗读篇目的推荐，既非常实用，也避免了方法论证的枯燥无味。这对于广大一线教师和那些希望指导孩子提升朗读水平的家长来说，都是非常有价值的方法呈现和资料呈现。

阅读这部书稿，也是一种令人感奋的体验。因为当你读完这部书稿，可以发现书中所呈现的内容，其实不是“写”出来的，而是“做”出来的：《“朗读吧”课程纲要》为朗读课程进入儿童学习的实践层面呈现了范本和要项，让我们知道朗读课程在小学阶段的实施是完全有可能的；《和孩子一起上朗读课》，则通过教学方案的形式，完整呈现了教师如何在课堂上教授孩子朗读的技巧，帮助孩子们体验朗读的多种策略和方法，感受朗读是如何表达感情的，朗读是如何帮助我们去触摸文字的温度，朗读本身的趣味何在，以及朗读是如何打开我们心灵的空间的……如果说崔利斯的《朗读手册》让我们开始认识到给孩子朗读的重要性和由此开启的美好可能，那么小陆老师的这本《中国孩子的朗读手册》，则让我们看到了一个中国青年教师探索适合中国孩子、中国教师和中国家长的朗读方法和路径的努力，以及汉语朗读区别于其他语言的丰富美感和多重境界。

但我认为，这些还不是这部书最让我觉得可贵的地方。在我阅读这本书稿的过程中，我读到的不仅是本书的学术性和实用性兼具，更让我觉得可贵和欣慰的是，它让我看到了一个青年教师努力发展自我、开拓发展空间的多种可能。在我眼里，小陆本身具备了成为一个好老师的天赋与资质：他才思敏捷，语音面貌优秀，而且他热爱教学，喜欢孩子，充满了热情和能量。他把自己在大学时就已经展露的才华带到了工作岗位上，不但在多个晚会上担纲主持人，而且在自己所任教的班级也进行了多种尝试，还创办了“朗读吧”微信公众号，发布自己、学生和家长的朗读音频，将全国各地热爱朗读的教师、家长和孩子聚集在一起，使“朗读吧”成为他们展示自我、表达自我又彼此激励的平台。同时，他将自己在朗读方面的研究和探索运用到教育教学的多个维度中，比如，他作为擦星儿童绘本阅读课程（由我牵头，联合各地优秀教师研发）核心团队中的一员，与其他团队老师一起，利用暑期休息时间，借助电视台的专业录音设备，录制了150多个高质量的经典绘本音频，供孩子和家长们使用；这些音频也成为擦星儿童绘本阅读课程资源建设中非常重要的一部分内容。不记得有多少次，我听着小陆和其他团队老师录制的这些美好的绘本音频，想起那些在录音棚里挥汗如雨的日子，忍不住心中涌动热流，一方面讶异于小陆身上蕴藏的巨大的热情和能量，一方面又感到十分欣慰：作为在城市中长大的“90后”，他本身家庭条件优越，乍一看会让人认为他可能会拈轻怕重，可是，他用自己的勤奋和努力，以及不怕吃苦、不断开拓自我发展空间的探索精神，对那些曾经有的怀疑给出了有力的回击。

在阅读这部书的日子里，我常常会想起这样的一幕：在浙江金华举办的一次大学优秀毕业生招聘会上，一个年轻人拿着他的简历和厚厚的一沓获奖证书，来到我的面前。他希望加入我的团队。在有些嘈杂的会场上，我们简单聊了几句，我感觉到了他的认真和决心，于是我们相约杭州再见。后来，他经过严格的笔试、面试，在教师招聘中竟以总分第一名的成绩入选。这个优秀的年轻人，就是小陆。

可当时我并没有想到，优秀的小陆老师只用了不到三年的时间，就完成了他的教学专著的写作，而且在各种教育教学活动中崭露头角，逐渐成为教学骨干。

所以，翻开这部书吧，听小陆老师教给孩子们在朗读中将美好的声音传送，看他们是如何把对文字、对生活、对世界的热爱以及对美的感受在朗读中表达的。

闫　学

2019年4月3日

序二

开启朗读的曼妙时光

这些年，在教研员的岗位上，听了不少课，评了不少课。总体来说，教师们的理念在更新，课堂教学也有新气象。但有一点，我一直不是很满意，那就是，孩子们的朗读总不是个味儿：拿腔拿调者有之，拖音唱读者有之，读错读破也非鲜见……遗憾的是，很多老师对此却熟视无睹，不能给予孩子们必要的指导。教师的范读更是越来越稀缺。于永正老师在《对“儿童的语文”的几点思考》一文中说道：“各位老师记住，要让孩子们朗读！读出声音来，这不但容易记住（所读的内容），而且能锻炼语言的表达能力，培养语感。可惜，我们好多老师都没有这样做。”

2011年版《义务教育语文课程标准》中低段、中段、高段始终有“用普通话正确、流利、有感情地朗读课文”的要求，可见朗读在小学阶段的重要性。智强老师是一个朗读者，更是一个善于指导朗读的引领者。他结合自己的实践，用心撰写的这本《中国孩子的朗读手册》，让老师们清楚朗读的意义，给老师们的朗读教学指明了方向。

首先，智强老师对课程标准中关于“正确、流利、有感情”这几个核心词汇，有自己独特的理解。

“读正确”，是用“正确”的普通话朗读课文，是最基本的要求。所谓的“正确”指的是字音读准确，分清平翘舌、后鼻音、轻声，多音字等；朗读过程中不唱读、不加字、不少字、不回读、不重复、不读破句。

“流利”，是在读“正确”的基础上才能达到的。流利地读主要是指不断读、不破读句子。学生能够做到流利地读，最重要的是在于扩大视读的范围，正所谓“一目十行”。想要读正确，读流利，就要做到把“严”字牢记于心，哪怕标点符号也不能轻易忽视。

“有感情”，是在正确、流利读的前提之下，并对文章有一定的理解的基础上才有可能达到的。学生要有感情地朗读课文，教师首先要理解课文，明白作者的思想感情，体会文章蕴含的情感，这样教师才能带领学生去体会、去感悟文章表达的情感，让学生产生情感共鸣，形成自己独特的情感体验。在朗读过程中，还要运用想象的方法，使自己置身其中，如身临其境一般。朗读一定要有画面感，这样有利于感情自然地表达和流露。最后，要适当运用相关的朗读技巧，比如如何处理重音，如何停连，该用什么样的语速、语调、语气等。

其次，他对“正确、流利、有感情地朗读”这一语文能力的培养过程，有明确的认知。

皮亚杰的认知发展理论告诉我们，儿童的认知发展是连续有规律的，按一定的顺序进行。仔细对照三个学段对朗读所提出的要求，从“学习用”到“能用”，是一个从不会到会的过程，看似只差几个字，实则完全不同，每一个阶段提出的目标都是根据学生的发展规律、遵循学生的能力范围的，这样有利于学生在可接受的能力范围内扎扎实实地学习，更好地提高朗读水平。

再次，他对教学中如何指导、评价学生的朗读，是有方法的。

随着统编教材的逐步使用，教师们也越来越重视朗读教学。那么在日常教学中，朗读教学的现状如何，又存在哪些问题呢？很多老师在教学时会安排朗读的环节，但是缺乏对学生具体有效的指导，没有落到实处。有的老师并不清楚为什么要在这个环节进行朗读，学生朗读之后能收获什么。在课堂上很多老师会采取自由朗读课文的方式，看似所有学生都在朗读，课堂热热闹闹的，其实很多学生并不清楚自己在读什么。另外，学生读完之后，经常会听到老师对学生这样的评价：“你读得真棒！”“你真了不起！”这样的朗读评价未免太过笼统、太不具体，没有针对性，学生听多了，一方面会不珍惜这种“好评”，另一方面也可能会使学生不知道自己的“真面目”，久而久之，学生的朗读水平不能得到有效提升。

要想指导学生朗读，教师首先需要进行好的示范，因此，教师提升自身朗读水平非常重要。“教师好的范读，不仅有指导作用，而且有启迪、激趣的作用。实践告诉我们，课文读懂了，读出味来了，教学方法往往也就随之有了。所以，备课首先要备读。”智强老师的《中国孩子的朗读手册》同样也是语文教师的朗读手册，书中系统地梳理了众多朗读的技巧，而且每一个技巧都有具体的例子，具有很强的实践性，相信对一线语文教师提升朗读水平有重要的指导作用。

教师在语文课上的绘声绘色的朗读，必定会使语文课充满趣味性，有的课文读得学生肃然起敬，有的课文读得学生潸然泪下，有的课文读得学生心驰神往。“熟读名文，就是在不知不觉中追求语言的完美。诵读的功夫，无论对语体、对文言都很重要。”真正的语文课堂就应该是书声琅琅的课堂，教师要精心设计朗读教学过程，科学合理地选择好每一朗读环节的方式，让它们各尽所能，让学生在读中思考，在读中感悟，在读中理解，在读中收获，达到有效朗读的目的。

朋友们，读书是幸福的时光，朗读是最美的姿态，一起跟随智强老师，开启朗读的曼妙时光吧！

曹爱卫

2019年3月

自序

朗读装饰着我的梦

冷遇见暖有了雨，春遇见冬有了岁月，天遇见地有了永恒，人遇见人有了生命，世间的一切都是遇见，遇见是一切的开始。遇见，总是生命中最美好的事，你遇见他，他遇见你；遇见无声的文字，遇见有声的倾诉；在这里，遇见如诗如歌的你们！

统编版义务教育语文教材一年级上册《语文园地》新增了一个栏目“和大人一起读”。这个栏目的关键词就是亲子阅读、分享阅读、无压力阅读，努力引导孩子和家人一起读书，形成合力的作为。刚开始，我在个人公众号“陆老师的日记”中开设了“和陆老师一起读”栏目，把课文进行朗读并上传录音，得到了老师、家长和孩子的喜欢。这时候，有朋友提出来，能否让孩子和家长也参与朗读，让更多的孩子和家长一起朗读并且爱上朗读？随后，我采纳朋友的意见，立即开设了“朗读吧”。

为什么取名“朗读吧”？“吧”就像是一个场所，为大家提供交流、展示的地方。此外，“吧”作为语气词，也有提议、建议的含义，倡议孩子和家长远离电子产品，多在一起朗读。令人欣喜的是，从三月份开办到现在，来自河南、新疆、湖北等全国各地的多位老师、家长和孩子参与到“朗读吧”中。孩子们通过公众号听到自己的朗读，而且得到大家的点赞和鼓励，感到很自豪。越来越多的家长和孩子渴望参与朗读。当他们戴上耳机，对着耳麦录制自己的朗读作品时，仪式感便油然而生。然而，在这个过程之中也产生了一些问题：什么样的内容适合孩子朗读？有没有简单的朗读技巧能够指导朗读？朗读课程该如何实施？……基于这些需求和困惑，结合这些年我对“儿童朗读课程”的思考与探究，我尝试编写了此书。

推荐篇目皆经典，学段归类有顺序。在本书第四辑中，我推荐了大量适合朗读、朗诵的篇目，这些作品大都是从艾青、冰心、金子美玲等名家经典作品中选取的，也有《声律启蒙》《蓑翁对韵》《增广贤文》等经典诵读篇目。灵动的文字，传神的表达，经受历史的洗礼、岁月的涤荡，穿越时空的限制，脍炙人口，深入人心。另外，我在整理时根据作品的内容及学生的识字情况、理解能力、生活经验等，按照低段、中段、高段进行了适当的归类，以便师生、家长选择朗读。

分享朗读之技巧，师生家长易学懂。在整理作品这段时间，我的好友提了一个建议："现在很多语文老师想指导学生朗读，但是限于专业知识的欠缺，无从下手。现在好些朗读指导的书理论性太强，老师需要一本实用又简单，而且有例子的书。"回过头想，每次听孩子和家长录制的朗读作品时，孩子们朗读水平确实参差不齐，若是书中的朗读技巧家长一看就能学会，那就太好了。于是在书本的第一辑，我主要和大家分享了一些朗读技巧，这些技巧通俗易懂，家长和老师一看就能学会。不过因为这些技巧是从自己的经验出发进行的总结，若有不当之处，恳请批评指正！另外，在本书的第三辑"和孩子一起上朗读课"中，我通过课例的形式，与大家分享了我是如何上朗读课的。

选取新教材课文，巧学活学好应用。只分享技巧是远远不够的，于是我在每一个技巧下面又举了一些例子，这些例子大都从统编版义务教育语文教科书中选取，一来方便教师的教学，二来贴近学生的经历。例如，在"语法重音"中的"谓语重音"讲解中，我就选取了二年级下册（注：全书所举例子中，只标注年级和上册或下册的选段，均选自统编版义务教育语文教科书）《找春天》里的句子："春天来了！我们看到了她，我们听到了她，我们闻到了她，我们触到了她。"这样，可以帮助老师、学生和家长不仅学会技巧，更能在朗读中应用技巧。

基于儿童的立场，做实用朗读课程。《义务教育语文课程标准》指出："各个学段的阅读教学都要重视朗读。"儿童通过声情并茂的朗读把书面语言融情于声，使其变为富有感染力的口头语言。朗读不仅能够有效地培养儿童对语言词汇细致入微的体味能力，培养对口语表述最佳形式的自我鉴别能力，更为重要的是，儿童通过朗读，可以增强文学艺术鉴赏能力，陶冶性情，开阔胸怀，文明言行。为了充分发挥朗读在儿童成长中的独特作用，陶冶儿童性情，提升儿童朗读技能，让文字与最美妙的读书声相遇，这些年，我一直研发并探索儿童朗读课程。在本书的第三辑中对此进行了相应的介绍，并附了一些朗读课程的课例，与大家交流。

叶圣陶先生曾经说过："吟咏的时候，对于探究所得的不仅理智地理解，而且亲切地体会，不知不觉之间，内容与理法化而为读者自己的东西了，这是最可贵的一种境界。"儿童文学作家家曹文轩说："通过朗读，人们可以从声音世界过渡到文学世界。"梅子涵先生也说："爸爸妈妈朗读的声音是伴随着体温和深情走进孩子内心的。"所以，朗读不仅仅是一种技术，它传递着温暖、情感和美好，把人们带向诗意的远方。

朗读，是一个人、一段文、一份情。春去秋来，从设想到实践，梦想最后落地生根，开出了花朵。

现在，让我们打开书，调整好坐姿，准备好心情，一起朗读吧！

附文一

朗读的三重境界

王国维在《人间词话》中说："古今之成大事业、大学问者，必经过三种之境界。"一直以来，有人用这三重境界来解读爱情离合、财运路数、工作状态等，其实这句话也适用解读朗读的三重境界。

第一重境界："昨夜西风凋碧树，独上高楼，望尽天涯路。"这句词出自北宋晏殊的《蝶恋花》，意思是说登上高楼眺望所见的秋景更为萧飒，西风黄叶，山阔水长。王国维此句可解成，做学问成大事业者，首先要有执着的追求，登高望远，瞰察路径，明确目标与方向。对于朗读者而言，既然喜欢朗读，那就要永葆一颗热爱和执着的心，给自己树立目标，不断地追寻与实践。其实，朗读也是一件需要勇气的事。有的人一开始担心自己的普通话不够标准或者声音不够好听，害怕朗读；有的人站在众人面前朗读就会紧张。克服自我，挑战自我，朗读技巧高低并不重要，重要的是自信地开始朗读。我们喜爱朗读，那就应该把朗读当成我们生活的一部分，像吃饭、睡觉、呼吸那样平常，让朗读成为一种生活方式，让心田更宁静，让思想更厚重。如此，你便渐渐地达到了朗读的第一重境界。

第二重境界："衣带渐宽终不悔，为伊消得人憔悴。"这引用的是北宋柳永《蝶恋花》的最后两句词，原词是表现作者对爱的艰辛和爱的无悔的感悟。若把"伊"字理解为词人所追求的理想和毕生从事的事业，亦无不可。曾国藩说过这样一句话：凡事皆有困难之时，打得通的，便是好汉！当真正投身于朗读之中，久而久之，你会发现，朗读并非一件简单、容易的事情。它源于生活，却又高于生活。它需要我们朗读者带着一颗平静、纯净的心灵去揣摩，字斟句酌并多次练习；需要我们朗读者不断学习各种朗读技巧，并且不断地运用和尝试，揣摩怎样的朗读更能准确、自然地传达出作者的情感并且让听众舒服。另外，在朗读中还要学习调动自己的多重感官，发挥想象，把自己融入作者所描写的情境中，学会调整自己的气息；同时，随着情感的走向，表情、动作都要恰到好处。这样，基调准确，语气恰当，抑扬顿挫，情绪饱满，以情带声，一篇属于你的朗读便呼之欲出。如此，你便渐渐地抵达了朗读的第二重境界。

第三重境界："众里寻他千百度，蓦然回首，那人却在，灯火阑珊处。"这是引用南宋辛弃疾《青玉案》词中的最后四句。王国维引用此四句，是说做学问、成大事业者，要达到第三重境界，必须有专注的精神，反复追寻、研究，下足功夫，自然会豁然贯通，有所发现，有所发明，进而从必然王国进入自由王国。叶圣陶先生认为，美读是朗读的最高境界。所谓美读，就是把作者的感情在读的时候传达出来。美读得其法，不但了解作者说些什么，而且与作者的心灵相通了，无论兴味方面或者受用方面，都有莫大的收获。朗读的最高境界便是去掉修饰、浮躁、虚伪，无关乎朗读技巧是否高超，无关乎语音面貌是好是坏。此时，对于技巧运用已从"刻意雕琢"到"回归自然"；此刻，只须无杂念地走入作品本身，自我内心就会得到感化和浸染，与作品融为一体。如此，你便抵达了朗读的第三重境界。

王国维所说的三重境界，看似抽象，我们却能在朗读方面切实地体会到，并帮助我们从另外一个角度去理解朗读。

用朗读点亮内心，用朗读丰盈生命，蓦然回首，你，我，在灯火阑珊处相遇。

附文二

朗读是一项“保险”

有人说朗读是一个兴趣爱好，有人说朗读是一种学习方式，有人说朗读是一项生活习惯。我更想说，朗读也是人生的一项“保险”。

在进入大学之前，由于自身能力、时间和精力所限，几乎没有时间去专门朗读，日常学习中唯一的早读课，也把更多的时间放在了目的性很明确的知识点背诵记忆方面，偶尔才在语文课上有限的时间内进行少量朗读，更别提有老师来进行专业性的指导了。所以那时候，自由地、享受地朗读对我来说是一种奢侈。

后来，进入大学师范专业，我遇见了人生中的贵人——雷小青老师和郑红梅老师。雷老师是我的口语艺术表达课程老师。刚刚踏入大学之门时，我是一个不太自信的人，很少有机会到舞台上或者在众人面前朗读，偶尔会在无人的教室或者室外自己读给自己听。但是，我心中始终有一团熊熊烈火，一团热爱朗读的熊熊烈火。在上雷老师的课时，我常常坐在最前面，一有机会我便立刻站起来朗读，就这样抓住了很多雷老师现场指导的机会。雷老师不断地鼓励我。她教给我很多发音、发声的技巧，让我明白，原来声音是可以塑造的。与此同时，她也传授给我很多朗读的小技巧，这些技巧能促进作品思想情感的表达。渐渐地，我参加了各类大大小小的比赛，获得了越来越多的认可。就这样，朗读逐渐成为我生活学习的一部分。后来，我报名参加浙江省经典诵读大赛，并且花了差不多一年的时间进行准备。在这期间，郑红梅老师又给予我很大的帮助。在这一年的时间里，我和郑老师一起探讨、琢磨每一篇文学作品中每一句话、每一个字的朗读方法与技巧。郑老师对作品情感的细腻把握以及对朗读的执着精神让人敬畏！在一次次的练习中，一篇篇文学作品俨然成为一件件有声的艺术作品，让人满心欢喜。功夫不负有心人，我最后取得了可喜的成绩。一次次比赛，一次次亮相，不断促使和鞭策我要走进朗读，不断提升自己的朗读水平。两位老师在朗读、朗诵上给予我的指导，仿佛为我现在的朗读以及语文教学增添了强有力的“保险”。

“三分讲，七分读。”“文贵自得，书忌耳传。”凡是“告诉”的东西，都比不上“自得”的东西好。这种以读代讲的语文教育，千百年来培育了我们民族一代又一代的文人骚客，哺育了我们生生不息、铿锵裂帛的民族精神。于永正老师在《我怎样教语文》中写道：在备课时，要把“朗读课文”作为重要的环节，会正确、流利、有感情地朗读四五遍课文，读到“其言皆出其口”“其意皆出吾心”为止，用心揣摩课文的意境、思想感情，力求把课文读“活”。如今我在小学任教，深受于老师的启发，在我的语文课上，朗读也成了课堂的“佳肴”，每堂课我都会带领孩子们朗读一番。“漓江的水真静啊，静得让你感觉不到它在流动；漓江的水真清啊，清得可以看见江底的沙石；漓江的水真绿啊，绿得仿佛那是一块无瑕的翡翠……”如此优美的文字，怎能不让人倾情朗读呢？文字是一串串沉睡的符号，通过朗读的方式和孩子们一起触摸经典文字，感受字里行间的画面和流淌的情感，品悟汉语的音韵之美，是怎样一种享受！每当我朗读之时，孩子们时而喜悦时而泛着泪花的眼神告诉我，他们沉醉于我的朗读，他们喜欢我的语文课。绘声绘色的朗读和孩子们的眼神交织在一起，便是我语文课最大的“保险”。

如今，我依然痴迷和坚持朗读。在工作烦躁之时，我会立刻拿出一本书朗读一番，徜徉于优美的文字间，让自己的心在字里行间感受静气和安宁。同时，我也会不定期在公众号上分享自己的朗读作品，和朋友一起交流探讨。朗读就有这样一股力量，让我从暴躁到安静，从烦恼到平和，然后遇见另一个自己——淡定、纯粹，亦从容。

朗读，是一条学无止境的道路，一路上风光旖旎，一路上挑战无数。渐渐地，朗读成为我生命的“保险”。

朗读是一项昂贵而又朴素的“保险”。开始朗读吧，为仓促而又绚丽的一生买一份这样的“保险”。

第一辑 朗读的技巧

朗读技巧，指的是朗读者为了准确地传达文字作品的思想内容和感情，而对有声语言进行的处理和设计，是一种具有创造性的语言活动。技巧运用要经过两个阶段，“刻意雕琢”阶段和“回归自然”阶段。

第一节　朗读的要求和朗读前的准备

一、朗读的要求，一般说来包括以下几点：

（一）吐字准确、有力、清晰、流畅

朗读者的朗读要让听众听明白，容易接受，就一定要做到吐字准确，符合普通话的要求，符合规范，不读错别字，同时干净利落、清晰有力、自然流畅，不能含糊不清、结结巴巴。

（二）声音洪亮、圆润、朴实、明朗

朗读主要是声音的艺术，声音的好坏，与朗读效果关系极大。圆润悦耳的声音能愉悦听众，嘶哑、刺耳的声音会引起听众的反感。因此，朗读者一定要注意声音的塑造，要让自己的声音好听、好用、富有表现力；与此同时，朗读应让人感到亲切、自然，所以声音方面在做到洪亮、圆润的同时，还要朴实，不能太夸张。

（三）节奏分明、适度、变化、有序

朗读语言的节奏，即轻重缓急，应该是抑扬顿挫的、起伏的。随着作品内容和朗诵者的感情变化，节奏会有所不同。但朗读中的这种节奏，和表演中的节奏是不同的，它是较为接近自然状态的自然节奏。

（四）表达恰切、充分、生动、自如

朗读作品时表达要准确，从宏观的把握到微观的处理，从整体的态度、情感到具体的停顿、重音、语气、节奏，都应当是准确的。朗读者要充分地体现作品的思想内容和精神实质，要形象生动，亲切自如。

（五）表情自然、得体、适度、大方

这里的表情指的是体态表情，包括面部表情、手势和身体动作。朗读时需要有面部表情，也需要手势和动作。朗读虽然带有表演的成分，但毕竟不同于表演，所以面部表情和手势动作一定要适度、得体，符合作品的要求，切不可过多、过滥。动作、表情还要自然、大方，不可装腔作势、生硬做作。

朗读小儿歌

吐字准确声音亮，清晰干净要流畅。
节奏分明有抑扬，表达生动又恰当。
表情自然且大方，得体适度不能忘。
牢记五点在心里，朗读一定会更棒！

二、朗读前应进行充分准备：

第一，熟悉朗读的内容。这是朗读准备工作的第一步，要了解朗读的内容是什么，以便对朗读材料有一个总体的了解和把握。理清文章的段落层次、开头和结尾、过渡和照应等。自然段落是文章作者从“写作角度”考虑的，朗读时还要做进一步的处理，要让作品中的人物形象、事情的来龙去脉在朗读者的头脑中活起来，这样有利于朗读时的再创作。

第二，掌握文体的特点。朗读的文字作品，可以是文学作品，也可以是其他文体的文章，各种文体都有各自语言表达上的特点，朗读者在朗读时必须把握这些特点，才能对作品进行再创作。

第三，把握朗读的基调。基调，指作品的感情基调，作品总的态度感情、总的色彩和分量。基调给人以整体感，把握基调就是要把握朗读作品的整体感。当然，一篇文章有一个总的基调，但并不是每个段落都是同一感情色彩。例如，《卖火柴的小女孩》，其基调是悲哀、凄婉的，但是小女孩在划着火柴，看到幻想中的美丽境界时，也有梦幻似的温暖和短暂的喜悦。掌握了这些，才能使全文的基调既统一和谐又富于变化。

朗读小儿歌

朗读之前请准备，三个注意小分类。
熟悉内容第一位，理清段落头和尾。
不同文体不同美，喜怒哀乐细品味。
读好作品并不累，准备充分很欣慰。

第二节　朗读的一般技巧

朗读技巧，指的是朗读者为了准确地传达文字作品的思想内容和感情而对有声语言进行的处理和设计，是一种具有创造性的语言活动。朗读的技巧主要包括：停连、重音、语气、语调、节奏、语速等。技巧运用要经过两个阶段：

第一阶段：学习阶段，也可以叫作“刻意雕琢”阶段；

第二阶段：熟练阶段，也可以叫作“回归自然”阶段。

不经过“刻意雕琢”，就不能“回归自然”，因为如果不敢雕琢，就永远不会雕琢，不学习技巧，就永远不可能掌握技巧，只会停留在自然状态中长期“自然”下去。①

下面先介绍几种常用的朗读符号：

符号	名称	作用	标示方法
|	停顿号	表示节奏的停顿	不论有无标点都可使用。停顿时可换气，也可不换气
||		表示较长时间的停顿	
◡	连接号	表示缩短原来的停顿时间，或者干脆不停顿	只用于有标点的地方
···	重音号	表示主重音	标在文字下方
○○○		表示次重音	
＿＿＿	语速号	表示语速渐快	标在急读部分文字下方
〰〰		表示语速减慢	标在缓读部分文字下方
↑	高升调号	表示这一句应读得前低后高	标在句首(或句尾)
↓	降低调号	表示这一句应读得前高后低	标在句首(或句尾)

①张颂：《朗读学》，中国传媒大学出版社2015年10月版，第116页。

一、停连

（一）什么是停连

停连，有声语言的标点符号，指的是声音的中断和延续，是停顿和连延的合称。朗读作品时，在作品的层次、段落、小层次、语句、词组和词之间，因生理或者心理需要，造成适当的语言空隙，承上启下，思前想后，这就是停顿；有时因感情奔涌，意思连贯，需要一气呵成，甚至有标点符号也不中断，这就是连接。

（二）停连的位置

1. 强调之处前后略做停顿。

这是为了强调某种情感或者是某种语意而停连。

例如：

（1）一到端午节｜，外婆｜总会煮好一锅粽子｜，盼着我们回去。（一年级下册《端午粽》）

分析：第二处的停顿和另外两处的停顿有所不同，是为了强调每年到了端午节，外婆“总会”煮好粽子，所以在“外婆”后面稍作停顿，以便突出“总会”，传达出外婆浓浓的爱。

（2）在她的大柳筐里，

装满了｜许多东西——

红的花，绿的草，

还有｜金色的种子。（艾青《春姑娘》）

分析：为了突出后面的“许多东西”，在朗读时，“装满了”后面稍作停顿，这样对于后面的内容起到强调作用，让听者也感受到大柳筐里东西很多。

2. 有对比关系之处应停顿。

例如：

（1）花朵张开时｜，花瓣是金色的，草地｜也是金色的；花朵合拢时｜，金色的花瓣被包住了，草地｜就变成绿色的了。（三年级上册《金色的草地》）

分析：将花朵张开时和合拢时进行了对比，在“草地”后面稍作停顿，给听者提供想象、回味的时间。

（2）牡丹没有花谢花败之时，要么｜烁于枝头，要么｜归于泥土，它跨越委顿和衰老，由青春｜而死亡，由美丽｜而消遁。（张抗抗《牡丹的拒绝》）

分析：句子中将牡丹“烁于枝头”“归于泥土”进行对比，朗读时在“要么”后要稍作停顿，使节奏舒畅鲜明，情感真实自然。

3. 有并列关系之处应停顿。

例如：

(1) 山｜朗润起来了，水｜涨起来了，太阳的脸｜红起来了。(朱自清《春》)

分析："山""水""太阳的脸"三者是并列的，稍作停顿，使句子朗读起来更具有节奏感。

(2) 母亲｜要走大路，大路平顺；我的儿子｜要走小路，小路有意思。(莫怀戚《散步》)

分析：母亲和儿子是并列关系，用停顿表示，走什么路、为什么，这也是并列关系，两处用上连接，缩短停顿的时间，使语意更连贯。

4. 生理上需要之处应停顿。

为了表现某种生理变化而产生的停连。比如特定的语噎、哽咽，生命垂危时的叮咛、气喘吁吁的报告、个别人物的口吃等。

(1) 这时候，他用力把我往上一顶，一下子把我甩在一边，大声说："快离开我，咱们两个人|不能都｜牺牲！……要……要记住｜革命……"(王愿坚《夜行草地》)

分析：第一、二处停顿，朗读时突出劝诫战友快速离开的急切心情，强调不能都牺牲。第三处停顿，如果按照标点符号停顿，朗读时感觉不真切。深陷泥潭时语重心长地对着战友说"要记住革命"，是用最后一口气在叮嘱战友，"革命"二字是很坚定、很有力量，此处的停顿，反映人物崇高的品质。

(2) 他蓦地抽回手去，深深地吸了一口气，用尽所有的力气举起手来，直指着正北方向，"好，好同志……你……你把它｜带给……"(王愿坚《七根火柴》)

分析：根据上下文"它"指的是"七根火柴"，战士用最后一口力气告诉卢进勇要把"它"给最需要的人，在"它"后面稍作停顿，其生理变化就可以得到一定的体现。

(三) 停连的规律

根据张颂老师的《朗读学》，初步归纳如下①：

1. 根据作品内容和具体语句安排停连，并以思想感情的运动状态为前提。

2. 必须从"读者"和"听者"双方的需要考虑停连，"读"是起主导作用，不能随心所欲。

3. 文字作品中的标点符号是进行停连的重要参考，朗读者应该发挥创造性，力

①张颂：《朗读学》(第三版)，中国传媒大学出版社2015年10月版，第137页。

求精当，用有声语言的“标点符号”——停顿和连接，取代原文的标点符号。

4. 一般来说，句子越长，内容越丰富，停顿就越多；相反，句子越短，内容越浅显，停顿就越少。

5. 只要有两个词语组合，就会有停连问题。

6. 停连必须同重音、语气、节奏一起共同完成朗读的音声化再创作，它是朗读的重要支柱，但永远不是单独起作用的，永远不是孤立存在的。

【练一练】

1. 请你根据下面的停连设计，朗读这首诗，同时请用心琢磨为什么要在此处停连，研究其中的道理。

桃　花　瓣

金子美铃

短短的，绿油油的‿
春草上|
桃树|撒下花瓣儿

枯黄的，寂寞的‿
竹墙里|
桃树|撒下花瓣儿

潮湿的，黑土的‿
田间|
桃树|撒下花瓣儿

太阳公公
高高兴兴地
呼唤|花的精灵（从春草上，从竹墙内
从田间摇摇晃晃
升起来吧）

桂林山水

人们都说："桂林山水甲天下。"我们乘着木船|荡漾在漓江上，来观赏|桂林的山水。

我看见过|波澜壮阔的大海，玩赏过|水平如镜的西湖，却从没看见过|漓江这样的水。漓江的水|真静啊，静得|让你感觉不到|它在流动；漓江的水|真清啊，清得可以看见|江底的沙石；漓江的水|真绿啊，绿得仿佛|那是一块无瑕的翡翠。船桨激起的微波|扩散出|一道道水纹，才让你感觉到|船在前进，岸在后移。

我攀登过|峰峦雄伟的泰山，游览过|红叶似火的香山，却从没看见过|桂林这一带的山。桂林的山|真奇啊，一座座|拔地而起，各不相连，像老人，像巨象，像骆驼，奇峰罗列，形态万千；桂林的山|真秀啊，像翠绿的屏障，像新生的竹笋，色彩明丽，倒映水中；桂林的山|真险啊，危峰兀立，怪石嶙峋，好像一不小心|就会栽倒下来。

这样的山|围绕着|这样的水，这样的水|倒映着|这样的山，再加上|空中云雾迷蒙，山间|绿树红花，江上|竹筏小舟，让你感到|像是走进了连绵不断的画卷，真是|"舟行碧波上，人在画中游"。

（选自人民教育出版社四年级语文下册《桂林山水》）

2. 阅读下面的诗歌，理解诗歌主要内容，品味诗歌所蕴含的感情。在理解的基础上，给诗歌做恰当的停连，并按照设计反复朗读。

一株紫丁香

滕毓旭

踮起脚尖儿，
走进安静的小院，
我们把一株紫丁香，
栽在老师窗前。

老师，老师，
就让它绿色的枝叶，
伸进您的窗口，
夜夜和您做伴。
老师——
绿叶在风里沙沙，
那是我们给您唱歌，

帮您消除一天的疲倦。

老师——
满树盛开的花儿，
那是我们的笑脸，
感谢您时时把我们挂牵。

夜深了，星星困得眨眼，
老师，休息吧，
让花香飘进您的梦里，
那梦啊，准是又香又甜。

（选自二年级下册）

二、重音

（一）什么是朗读的重音

朗读的重音是指为了强调某些内容或突出某种思想感情，那些在表情达意上起重要作用的字、词或短语，在朗读时要加以特别强调。

（二）重音的类型

1. 语法重音。

根据句子语法结构对某个句子成分读得比较重的现象。语法重音的位置比较固定，常见的规律是：谓语、状语、补语、定语常重读。

（1）谓语重音。

① 春天来了！我们看到了她，我们听到了她，我们闻到了她，我们触到了她。（二年级下册《找春天》）

② 风|停了，雨|住了，太阳|出来了。（《七彩桥》）

③ 他|穿着草鞋，戴着斗笠，挑起粮食，跟大家|一块儿爬山。（二年级上册《朱德的扁担》）

（2）状语重音。

① 当小雨滴汇聚起来，他们便一起唱着歌：小溪|淙淙地流向河流，河流|潺潺地流向大海，大海|哗啦啦地汹涌澎湃。（三年级上册《大自然的声音》）

② 我一步一步|小心地走着，一片一片|仔细地数着。（三年级上册《铺满金色巴

掌的水泥道》）

（3）补语重音。

① 他的毛|灰灰的，嘴巴|大大的，身子|瘦瘦的，大家都叫他|“丑小鸭”。（安徒生《丑小鸭》）

② 小柳树的腰|细细的，树枝|绿绿的，真好看。（二年级下册《小柳树和小枣树》）

（4）定语重音。

① 有金黄的|稻子，雪白的|棉花，还有一大片一大片|绿油油的菜地。（二年级上册《画家乡》）

② 这就是我们|可爱的小学，一所|边疆的小学。古老的铜钟，挂在大青树粗壮的枝干上。|凤尾竹的影子，在洁白的粉墙上摇晃……（三年级上册《大青树下的小学》）

（5）疑问代词、指示代词重音。

① 为什么星星会眨眼睛？

为什么雨后天上挂着彩虹？

树叶的形状|为什么是各种各样的？

花为什么是五颜六色的呢？

下雨前|蜘蛛逃到哪儿去了呢？

是谁告诉蝉要下雨了？

石头上|怎么会有贝壳呢？

……

（二年级下册《语文园地六》）

② 我想知道|云儿哪里去了？

我想知道|风儿在说什么？

我想知道|天上为什么下雨？

我想知道|鸟儿怎样飞回？

我想知道|花儿怎样生长，

才使世界|有这么多的|颜色？

（伊丽莎白《云儿哪里去了》）

2. 强调重音。

强调重音指的是为了表示某种特殊的感情或强调某种特殊意义，故意说得重一些的音，目的在于引起听者注意自己所要强调的某个部分。

（1）突出重点语意。

例如：

① 我去过西湖。（提问：谁去过西湖？）

② 我去过西湖。（提问：你去过西湖？）

③ 我去过西湖。（提问：你去过哪里？）

重音的地方不同，表达的侧重点则不同。

（2）句子出现并列、对比、呼应、递进、转折、夸张、比喻等逻辑关系或修辞手法，需要重音加以强调和突出。

例如：

① 一排排|大雁追上白云，
撒下一阵|暖暖的叮咛；
一阵阵|秋风掠过田野，
送来一片|丰收的歌吟。（三年级上册《听听，秋的声音》）

② 有的人|活着，他已经|死了；
有的人|死了，他还|活着。（臧克家《有的人》）

③ 如果海洋|注定要决堤，
就让所有的苦水|都注入我心中，
如果陆地|注定要上升，
就让人类|重新选择|生存的峰顶。（北岛《答》）

④ 没有一片绿叶，没有一缕炊烟，没有一粒泥土，没有一丝花香，只有水的世界，云的海洋。（《可爱的小鸟》）

⑤ 远远的街灯|明了，
好像是|闪着无数的|明星。
天上的明星|现了，
好像是|点着无数的|街灯。（郭沫若《天上的街市》）

（3）渲染情感，增加语言的感染力。

① 多么幸福啊，1961年的泼水节！
多么令人难忘啊，1961年的泼水节！（二年级上册《难忘的泼水节》）

分析：这句话中每一个字都深情地饱含着人民对总理的敬爱之情和这次泼水节的难忘。为了表达这次泼水节的难忘，两个“多么”用次重音，而“幸福”“令人难忘”则作为主重音。同样是“1961年的泼水节”这句话，在两次朗读中，语气、语调都会有变化，第二次比第一次要更加强烈。这样的处理，使得朗读起来抑扬顿挫，有轻重缓急，有节奏的变化。

② 假如生活|欺骗了你，

不要悲伤，不要心急！

忧郁的日子里|须要镇静：

相信吧，快乐的日子将会来临。（普希金《假如生活欺骗了你》）

分析：两个“不要”在朗读时提高音量，告诉大家当被生活欺骗时，要心平气和地面对生活，“相信吧”“快乐的日子”用重音，呼吁人们要对生活充满勇气和希望，朗读时向听众传达力量。

③ 呵，黄山松，我热烈地|赞美你，

我要学你|艰苦奋战，不屈不挠。

看，在这碧紫透红的|群峰之上，

你像昂扬的|战旗，呼啦啦地|飘。（张万舒《黄山松》）

分析：这是张万舒《黄山松》中的一个小节，“呵”“看”虽然都只有一个字，却是非常有力量的，“热烈地”“昂扬的”这些词语表现出黄山松顶风傲雪的自强精神、坚忍不拔的拼搏精神、百折不挠的进取精神。听众通过声音感受到了黄山松“挺得硬，扎得硬，扎得稳，站得高，劈不歪，砍不动，轰不倒”的战士般的精神。

（三）怎么样读好重音

1. 重音重读：提高音量，加重语气。

例如：

① 闪电|越来越亮，雷声|越来越响。

哗，哗，哗，雨下起来了。

雨越下越大。（二年级下册《雷雨》）

② 这是一沟|绝望的死水，

清风|吹不起半点漪沦。

不如|多扔些破铜烂铁，

爽性|泼你的剩菜残羹。（闻一多《死水》）

2. 重音轻读：降低音量，减弱气息。

例如：

① 春天|像个害羞的小姑娘，遮遮掩掩，躲躲藏藏。（二年级下册《找春天》）

② 秋天的雨，是一把钥匙。它带着清凉和温柔，轻轻地，轻轻地，趁你没留意，把秋天的大门|打开了。（三年级上册《秋天的雨》）

③ 小草偷偷地|从土里钻出来，嫩嫩的，绿绿的。（朱自清《春》）

④　风轻悄悄的，草软绵绵的。（朱自清《春》）

⑤　冬天的山村，到了夜里|就万籁俱寂，只听得雪花|簌簌地不断往下落，树木的枯枝|被雪压断了，偶尔咯吱一声响。（峻青《第一场雪》）

3. 重音慢读：放慢语速，适当拖腔。

例如：

①　富饶的西沙群岛，是我们祖祖辈辈生活的地方。随着祖国建设事业的发展，可爱的西沙群岛，必将变得更加美丽，更加富饶。（三年级上册《富饶的西沙群岛》）

②　一阵台风袭过，一只孤单的小鸟无家可归，落到被卷到洋里的木板上，乘流而下，姗姗而来，近了，近了……（王文杰《可爱的小鸟》）

【练一练】

1. 根据下面的重音设计，请你再进行停顿设计，并反复朗读这首诗，用心琢磨为什么要这样设计重音，研究其中的道理。

彩色的梦

高洪波

我有一大把彩色的梦，
有的长，有的圆，有的硬。
他们躺在铅笔盒里聊天，
一打开，就在白纸上跳蹦。

脚尖滑过的地方，
大块的草坪，绿了，
大朵的野花，红了，
大片的天空，蓝了，
蓝——得——透——明！

在葱郁的森林里，
雪松们拉着手，
请小鸟留下歌声。
小屋的烟囱上，
结一个苹果般的太阳，

又大——又红！

我的彩色铅笔，
是大森林的精灵。
我的彩色梦境，
有水果香，有季节风，
还有紫葡萄的叮咛，
在溪水里流动……

（选自二年级下册）

我爱这土地

艾 青

假如我是一只鸟，
我也应该用嘶哑的喉咙歌唱：
这被暴风雨所打击着的土地，
这永远汹涌着我们的悲愤的河流，
这无止息地吹刮着的激怒的风，
和那来自林间的无比温柔的黎明……
——然后我死了，
连羽毛也腐烂在土地里面。

为什么我的眼里常含泪水？
因为我对这土地爱得深沉……

2. 阅读下列古诗词和短文，理解主要内容，体会其中的思想感情。在理解的基础上，在恰当的地方标注重音，然后按照自己的设计反复朗读。

（一）九月九日忆山东兄弟

王 维

独在异乡为异客，每逢佳节倍思亲。
遥知兄弟登高处，遍插茱萸少一人。

（二）荷

荷池中种荷，夏日开花，或红或白。荷梗直立。荷叶形圆。茎横泥中，其名曰藕。藕有节，中有孔，断之有丝。

（三）大自然的声音

大自然有许多美妙的声音。

风，是大自然的音乐家，他会在森林里演奏他的手风琴。当他翻动树叶，树叶便像歌手一样，唱出各种不同的歌曲。不一样的树叶，有不一样的声音；不一样的季节，有不一样的音乐。当微风拂过，那声音轻轻柔柔的，好像呢喃细语，让人感受到大自然的温柔；当狂风吹起，整座森林都激动起来，合奏出一首雄壮的乐曲，那声音充满力量，令人感受到大自然的威力。

水，也是大自然的音乐家。下雨的时候，他喜欢玩打击乐器。小雨滴敲敲打打，一场热闹的音乐会便开始了。滴滴答答……叮叮咚咚……所有的树林，树林里的每片树叶；所有的房子，房子的屋顶和窗户，都发出不同的声音。当小雨滴汇聚起来，他们便一起唱着歌：小溪淙淙地流向河流，河流潺潺地流向大海，大海哗啦啦地汹涌澎湃。从一首轻快的山中小曲，唱到波澜壮阔的海洋大合唱。

动物也是大自然的歌手。走在公园里，听听树上叽叽喳喳的鸟叫；坐在一棵树下，听听叽哩哩叽哩哩的虫鸣；在水塘边散步，听听蝈蝈的歌唱。你知道他们唱的是什么吗？他们的歌声好像告诉我们：“我在歌唱，我很快乐！”

三、语气、语调

（一）语气、语调的区别

语气，是外在的声音形式，是朗读中语句“形”与“神”的结合体。这里的“神”指语句内的思想感情，“形”指的是语句外在的快慢、高低、强弱、虚实的声音形式。

朗读中的语气是丰富多彩的，常见的有陈述、疑问、肯定、祈求、喜悦、赞扬、憎恨、悲痛、冷漠等各种语气，还有申诉、惊惧、激动、思索、亲切、坚信、疑惑等语气。

语调，指贯穿于整个句子的调子，附属于句子，表达整个句子的意义和感情。语调不仅与音高有关，与音长、音强也有很大关系。在朗读时，如能注意语调的升降变化，语音就有了动听的腔调，听起来便具有了音乐美，也就能够更细致地表达不同的思想感情。

（二）语气色彩与声音形式

不同的语气色彩需要通过不同的声音形式来表现，其中是有一定规律可循的。张颂先生在《朗读学》中对表现不同感情色彩的气息、声音、口腔状态的特点进行了如下概括：

语气色彩	声音形式
爱的感情	气徐声柔：口腔宽松，气息深长。
憎的感情	气足声硬：口腔紧窄，气息猛塞。
悲的感情	气沉声缓：口腔如负重，气息如尽竭。
喜的感情	气满声高：口腔似千里轻舟，气息似不绝清流。
惧的感情	气提声凝：口腔像冰封，气息像倒流。
欲的感情	气多声放：口腔积极敞开，气息力求畅达。
急的感情	气短声促：口腔似弓箭，飞剑流星；气息如穿梭。
冷的感情	气少声平：口腔松软，气息微弱。
怒的感情	气粗声重：口腔如鼓，气息如椽。
疑的感情	气细声黏：口腔欲松还紧，气息欲连还断。

例如：

① 春季里，春风吹，
花开草长蝴蝶飞。
麦苗儿多嫩，桑叶儿正肥。

夏季里，农事忙，
采了蚕桑又插秧。
早起勤耕作，归来戴月光。

秋季里，稻上场，
谷像黄金粒粒香。
身体虽辛苦，心里喜洋洋。

冬季里，雪初晴，

新制棉衣暖又轻。

一年农事了，大家笑盈盈。

（选自二年级上册《田家四季歌》）

分析：这是一首节奏轻快明朗的儿歌，比较欢快，朗读起来应该带着喜的情绪。

② 这个小家伙能轻易地由笼子里钻出身。瞧，多么像它的母亲：红嘴红脚，灰蓝色的毛，只是后背还没有生出珍珠似的圆圆的白点。它好肥，整个身子好像一个蓬松的球儿。（冯骥才《珍珠鸟》）

分析：文字表达的是作者对珍珠鸟的喜爱，所以朗读时要气徐声柔，做到口腔宽松，气息深长。

③ 我希望有一天，

地下的烈火，

将我连这活棺材一起烧掉，

我应该在烈火与热血中得到永生！（叶挺《囚歌》）

分析：《囚歌》这首诗歌是近代革命者叶挺被囚禁在重庆的渣滓洞时创作的一篇白话述志诗。“一起烧掉”“烈火”“热血”“永生”等词语在朗读时应气粗声重，口腔如鼓，气息如椽，让读者情不自禁地被诗中的那股凛然正气所震撼，对诗人的高尚人格肃然起敬。

④ 阳光拍拍小草的肩膀

小草就会跳舞、歌唱

阳光摸摸花朵的脸庞

花朵就会笑容满面，春风荡漾

阳光照到我的心上

我的心就像竖琴一样，叮当作响（徐小华《阳光》）

分析：整首诗歌正如标题一样充满阳光。阳光、小草、花朵是那么的可爱，在朗读时就要气满声高，心情愉悦，口腔似千里轻舟，气息似不绝清流。

（三）语调变化多端，主要可分为四种类型：

1. 高升调（用↑表示）：朗读时，注意语调前低后高，语气上扬。

句子先低后高，句末明显上扬。常用于表示疑问、反问、号召、呼唤、惊讶等感情的句子。例如：

① 他躲在城市的上空，说道：“现在，我该把谁藏起来呢？”（表疑问，二年级上册《雾在哪里》）

② 狐狸眼珠子骨碌碌一转，扯着嗓子问老虎："你敢吃我?"（表反问，二年级上册《狐假虎威》）

③ 推开门一看，嗬！好大的雪啊！（表惊讶，峻青《第一场雪》）

④ 起来，不愿做奴隶的人们！（表号召，《义勇军进行曲》）

⑤ 这是胜利的预言家在叫喊：——让暴风雨来得更猛烈些吧！（表呼喊，高尔基《海燕》）

2. 降抑调（用↓表示）：朗读时，注意语调逐渐由高降低，末字低而短。

句子语势先高后低，句末明显下降。一般用在感叹句、祈使句、陈述句中，表示肯定、坚决、请求、感叹、沉重等感情。例如：

① 鸟儿睁大眼睛，盯着灯火看了一会儿。

接着，她就唱起去年唱过的歌，给灯火听。

唱完了歌，鸟儿又盯着灯火看了一会儿，就飞走了。（表沉重，三年级上册《去年的树》）

② "等等，老屋！"一个小小的声音在他门前响起，"再过二十一天，行吗？主人想拿走我的蛋，可是我想孵小鸡。我找不到一个安心孵蛋的地方。"（表请求，三年级上册《总也倒不了的老屋》）

③ 天亮了，太阳出来了，喜鹊在枝头呼唤寒号鸟。可是，寒号鸟已经在夜里冻死了。（表感叹，二年级上册《寒号鸟》）

④ 种子想，"我一定要站起来，大口大口地呼吸空气，那一定会很好。"（表坚决，三年级上册《那一定会很好》）

3. 平直调（用→表示）：朗读时语调要始终平直舒缓，没有显著的高低变化。

一般多用在叙述、说明或表示迟疑、思索、冷淡、追忆、悼念等的句子里。朗读时始终平直舒缓，没有显著的高低变化。例如：

① 爸爸出国了，要过半年才能回来。今天，露西想给爸爸写一封信。（二年级上册《一封信》）

② 马棚里住着一匹老马和一匹小马。（二年级下册《小马过河》）

③ 有一次上图画课，老师把两个杨桃摆在讲桌上，要同学们画。（二年级下册《画杨桃》）

4. 曲折调：朗读时语调由高而低后又高，或由低而高后又低。

全句语调的高低有曲折变化。曲折调用于表示特殊的感情，如讽刺、讥笑、夸张、强调、双关、反语、特别惊异等。

朗读时先降后升或者先升后降，把句子中某些特殊的音节特别加重、加高或拖长，形成一种升降曲折的变化。

① 大水淹没了田地，冲毁了房屋，毒蛇猛兽到处伤害百姓和牲畜，人们的生活痛苦极了。（由升到降，二年级上册《大禹治水》）

② 那爷爷呢？

唉！还躺在医院里，那他只好当病号。（由升到降再升，丁云《标点符号》）

【练一练】

1. 根据语调的四种类型，请你说说下面两首诗歌分别选用哪种语调朗读。

（一）乡愁四韵

余光中

给我一瓢长江水啊长江水
酒一样的长江水
醉酒的滋味
是乡愁的滋味
给我一瓢长江水啊长江水

给我一张海棠红啊海棠红
血一样的海棠红
沸血的烧痛
是乡愁的烧痛
给我一张海棠红啊海棠红

给我一片雪花白啊雪花白
信一样的雪花白
家信的等待
是乡愁的等待
给我一片雪花白啊雪花白

给我一朵蜡梅香啊蜡梅香
母亲一样的蜡梅香
母亲的芬芳

是乡土的芬芳

给我一朵蜡梅香啊蜡梅香

（二）登鹳雀楼

王之涣

白日依山尽，黄河入海流。

欲穷千里目，更上一层楼。

四、语速、节奏

（一）语速的概念

语速，指的是说话时吐字的快慢，也就是指语言外在的速度。主要有快速、中速和慢速。语速的快慢直接影响到节奏的快慢。（朗读标准语速：每分钟180—200字）

（二）决定语速的各种因素

1. 不同的场面：急剧变化的场面快读，平静严肃的场面慢读。

例如：

① 一次，胡适正讲得得意的时候，一位姓魏的学生突然站了起来，生气地问："胡先生，难道说白话文就毫无缺点吗？"胡适微笑着回答说："没有。"那位学生更加激动了："肯定有！白话文废话太多，打电报用字多，花钱多。"（《胡适的白话电报》）

分析：胡适在讲课讲到得意时，一位学生突然站起来，而且是生气地说，使整个场面发生了变化。根据当时语境，朗读时语速加快，才能让听者感受到场面发生的变化。

② 今夜美丽的月光

你看多美好

照着美丽的月光

宁静生或死亡（海子《月光》）

分析：这首《月光》，表达的是平静如水的感情。在月光普照下，万物宁静和谐的画面中，传达出了生命的至高境界。朗读时要将语速放慢，表现人物内心的波澜不惊，平静如水。

2. 不同的心情：紧张、焦急、慌乱、热烈、欢畅的心情快读，沉重、悲痛、缅怀、悼念、失望的心情慢读。

① 快起来，快起来，

快从枕头里抬起头来，

睁开你的被睫毛盖着的眼，

让你的眼看见我的到来。（艾青《太阳的话》）

分析：这是一首读起来能让人感到温暖、明媚的抒情诗，诗歌的标题是“太阳的话”，其实是借太阳之口，表达了热爱光明、追求新生活的心声。在朗读的时候，语速要稍加快，表现出追求新生活的迫切之情。

② 啊！祖国!每时每刻

你一直生长在我的心里

说出你！说出祖国的名字

啊!你的脸庞葵花一样灿烂

你的胸膛大海一样宽阔

你的声音春雨一样酥软

不变的语言是我最爱的母语

——那熟悉又亲切的声音（姜桦《在秋天，说出祖国的名字》）

分析：诗人字里行间表达对祖国无限的敬爱之情，感情热烈奔放，所以在朗读时语速要稍快。

③ 惨象，已使我目不忍视了；流言，尤使我耳不忍闻。我还有什么话可说呢？我懂得衰亡民族之所以默无声息的缘由了。沉默呵，沉默呵！不在沉默中爆发，就在沉默中灭亡。（鲁迅《记念刘和珍君》）

分析：鲁迅先生在参加了刘和珍的追悼会之后，作《记念刘和珍君》一文，追忆这位始终微笑的和蔼的学生，痛悼“为中国而死的中国的青年”，歌颂“虽殒身不恤”的“中国女子的勇毅”。在朗读时，为了表现作者内心的悲痛、沉重，语速要慢，并且字字有力量。

3. 不同的谈话方式：辩论、争吵、急呼要快读，闲谈要慢读。

国王的御厨里有两只罐子，一个是陶的，一个是铁的。骄傲的铁罐看不起陶罐，常常奚落他。

“你敢碰我吗，陶罐子!”铁罐傲慢地问。

“不敢，铁罐兄弟。”陶罐谦虚地回答。

“我就知道你不敢，懦弱的东西!”铁罐说，带着更加轻蔑的神气。

“我确实不敢碰你，但并不是懦弱。”陶罐争辩说，“我们生来就是盛东西的，并不是来互相碰撞的。说到盛东西，我不见得比你差。再说……”

“住嘴！”铁罐恼怒了，“你怎么敢和我相提并论！你等着吧，要不了几天，你就会破成碎片，我却永远在这里，什么也不怕。”

“何必这样说呢？”陶罐说，“我们还是和睦相处吧，有什么可吵的呢？”

“和你在一起，我感到羞耻，你算什么东西！”铁罐说，“走着瞧吧，总有一天，我要把你碰成碎片！”

陶罐不再理会铁罐。

（三年级下册《陶罐和铁罐》节选）

分析：这一部分是陶罐和铁罐两种典型的谈话方式，铁罐气势汹汹，陶罐则是谦虚友好。抓住陶罐和铁罐的形象并结合语境，在朗读铁罐的句子时语速要加快，朗读陶罐的句子则放慢速度，表示态度谦虚。

4. 不同的人物性格：年轻、机警、泼辣的快读，年老、稳重、迟钝的慢读。

①“卖泥塘喽，卖泥塘！”青蛙站在牌子边大声吆喝起来。一头老牛走过来，看了看泥塘，说：“这个水坑坑嘛，在里边打打滚倒挺舒服。不过，要是周围有些草就更好了。”（二年级下册《青蛙卖泥塘》）

分析：在朗读人物对话，或在童话故事分角色朗读时，年长者以及老牛等角色的语速一般缓慢，年轻者和青蛙、猴子等活泼的小动物语速则会稍快，两者有区分。

②“不喝就滚出去；好心好意，不领情是怎着？你个傻骆驼！辣不死你！连我还能喝四两呢。不信，你看看！”她把酒盅端起来，灌了多半盅，一闭眼，哈了一声。举着盅儿：“你喝！要不我揪耳朵灌你！”（老舍《骆驼祥子》）

分析：在老舍的《骆驼祥子》中，虎妞的性格是非常泼辣的，所以在朗读她的语言时语速要加快，这样才能更好地表现出虎妞的性格特点。

（三）节奏的概念

朗读的节奏，是朗读者思想感情的起伏在朗读过程中显现出来的抑扬顿挫、轻重缓急。

根据节奏的基本特点、基本表现形式，张颂老师在《朗读学》中把节奏分为六种类型[①]：

1. 轻快型：语速稍快，多上升语势，语调轻快跳动。例如：

春天来了！春天来了！

我们几个孩子脱掉棉袄，冲出家门，奔向田野，去寻找春天。（二年级下册《找春天》）

---

①张颂：《朗读学》（第三版），中国传媒大学出版社2015年10月版，第193页。

2. 凝重型：语速适中，语势较平，语调凝重。例如：

忽然教堂的钟敲了十二下。祈祷的钟声也响了。窗外又传来普鲁士兵的号声——他们已经收操了。韩麦尔先生站起来，脸色惨白，我觉得他从来没有这么高大。

“我的朋友们啊，”他说，“我——我——”

但是他哽住了，他说不下去了。

他转身朝着黑板，拿起一支粉笔，使出全身的力量，写了两个大字：

“法兰西万岁！”

然后他呆在那儿，头靠着墙壁，话也不说，只向我们做了一个手势：“放学了，你们走吧。”（阿尔丰斯·都德《最后一课》）

3. 高亢型：语速快，上山类语势为主，语调高昂。例如：

为了欢迎周总理，人们在地上撒满了凤凰花的花瓣，好像铺上了鲜红的地毯。一条条龙船驶过江面，一串串花炮升上天空。人们欢呼着：“周总理来了！”（二年级上册《难忘的泼水节》）

4. 低沉型：语速较慢，下山类语势为主，语调沉缓。例如：

读小学的时候，我的外祖母去世了。外祖母生前最疼爱我，我无法排除自己的忧伤，每天在学校的操场上一圈一圈地跑着，跑得累倒在地上，扑在草坪上痛哭。

那哀痛的日子持续了很久，爸爸妈妈也不知道如何安慰我。他们知道与其骗我说外祖母睡着了，还不如对我说实话：外祖母永远不会回来了。（人民教育出版社三年级语文下册《和时间赛跑》）

5. 舒缓型：语速适中，多上山类语势，语调舒缓。例如：

妈妈睡了。妈妈哄我午睡的时候，自己先睡着了，睡得好熟，好香。

睡梦中的妈妈真美丽。明亮的眼睛闭上了，紧紧地闭着；弯弯的眉毛，也在睡觉，睡在妈妈红润的脸上。

睡梦中的妈妈好温柔。妈妈微微地笑着。是的，她在微微地笑着，嘴巴、眼角都笑弯了，好像在睡梦中，妈妈又想好了一个故事，等会儿讲给我听……

睡梦中的妈妈好累。妈妈的呼吸那么沉。她乌黑的头发粘在微微渗出汗珠的额头上。窗外，小鸟在唱着歌，风儿在树叶间散步，发出沙沙的响声，可是妈妈全听不到。她干了好多活，累了，乏了，她真该好好睡一觉。（二年级上册《妈妈睡了》）

6. 紧张型：语速较快，多上山类语势，语调急促。例如：

“救命啊！救命啊！”红头拼命地叫起来。

“你在哪儿？”青头急忙问。

“我被牛吃啦……正在它的嘴里……救命啊！救命啊！”

青头大吃一惊，它一下子蹦到牛身上，可是那头牛用尾巴轻轻一扫，青头就给摔到地上了。青头不顾身上的疼痛，一骨碌爬起来大声喊："躲过它的牙齿，牛这时候不会细嚼的，它会把你和草一起吞到肚子里去……"

"那我马上就会死掉。"红头哭起来。它和草已经一起进了牛的肚子。（三年级上册《在牛肚子里旅行》）

【练一练】

1. 朗读下列诗歌，试着给诗歌标上快慢符号，体会语速的变换。

假如生活欺骗了你

普希金

假如生活欺骗了你，
不要悲伤，不要心急！
忧郁的日子里须要镇静：
相信吧，快乐的日子将会来临。
心儿永远向往着未来；
现在却常是忧郁：
一切都是瞬息，
一切都将会过去；
而那过去了的，
就会成为亲切的怀恋。

2. 结合前面所学的语速、节奏的相关内容，朗读《海滨小城》，体会句子的变化。

海滨小城

林　遐

我的家乡在广东，是一座海滨小城。人们走到街道的尽头，就可以看见浩瀚的大海。天是蓝的，海也是蓝的。海天交界的水平线上，有棕色的机帆船和银白色的军舰来来往往。天空飞翔着白色的、灰色的海鸥，还飘着跟海鸥一样颜色的云朵。

早晨，机帆船、军舰、海鸥、云朵，都被朝阳镀上了一层金黄色。帆船上的渔民，军舰上的战士，他们的脸和胳臂也镀上了一层金黄色。

海边是一片沙滩，沙滩上遍地是各种颜色、各种花纹的贝壳。这里的孩子见得多了，都不去理睬这些贝壳，贝壳只好寂寞地躺在那里。远处响起了汽笛声，那是出海捕鱼的船队回来了。船上满载着银光闪闪的鱼，还有青色的虾和蟹，金黄色的海螺。船队一靠岸，海滩上就喧闹起来。

小城里每一个庭院都栽了很多树。有桉树、椰子树、橄榄树、凤凰树，还有别的许多亚热带树木。初夏，桉树叶子散发出来的香味，飘得满街满院都是。凤凰树开了花，开得那么热闹，小城好像笼罩在一片片红云中。

小城的公园更美。这里栽着许许多多榕树。一棵棵榕树就像一顶顶撑开的绿绒大伞，树叶密不透风，可以遮太阳，挡风雨。树下摆着石凳，每逢休息的日子，石凳上总是坐满了人。

小城的街道也美。除了沥青的大路，都是用细沙铺成的，踩上去咯吱咯吱地响，好像踩在沙滩上一样。人们把街道打扫得十分干净，甚至连一片落叶都没有。

这座海滨小城真是又美丽又整洁。　　　　（选自三年级上册《海滨小城》）

3. 朗读《猫斗》，注意结合前面所学的语速和节奏。

猫　斗

黄白二猫，斗于屋上，呼呼而鸣，耸毛竖尾，四目对射，两不相下。久之，白猫稍退缩，黄猫奋起逐之，白猫走入室中，不敢复出。

（选自商务印书馆《民国老课本经典诵读》）

翻译：有黄猫、白猫两只猫在屋顶上打架，两只猫都发出呼呼的叫喊，四只眼睛相对怒视，两猫对打不相上下。过了很长时间，白猫稍微有些退缩，黄猫奋力打白猫，白猫打不过躲进了屋里，不敢再出来了。

第三节　朗读的特殊技巧

在朗读过程中，除了以上所介绍的停连、重音、语气和语调、语速和节奏等这些基本的技巧外，还有一些特殊的技巧，可以增强朗读的感染力。

一、摹声

对于象声词和修辞手段的摹声，能够增强表达效果，表达真情实感。

例如一年级上册《说话》：

小溪流说话，哗哗，哗哗。

小雨点说话，沙沙，沙沙。

小鸽子说话，咕咕，咕咕。

小鸭子说话，嘎嘎，嘎嘎。

小花猫说话，喵喵，喵喵。

小青蛙说话，呱呱，呱呱。

这句话中用“哗哗”摹小溪的声音，用“沙沙”摹小雨点的声音，用“咕咕”摹小鸽子的声音，用“嘎嘎”摹小鸭子的声音，等等。朗读时运用适当的摹声技巧，使听者如闻其声，体会到真情实感。

二、虚声

模仿呼喊或其他某种声音，表示惊讶、感叹等情感。发声时声门收缩，发出较虚的声音以代实音，也叫“飞音”。

例如：我对着山腰的小敏喊：“喂，快一点！”

分析：真的高声叫喊，会影响朗读的表达效果，用虚声才能表达出特定的情感来。

再如《狼牙山五壮士》中的一段话：

狼牙山上响起了他们豪迈壮烈的口号声：

“打倒日本帝国主义！”

“中国共产党万岁！”（河北教育出版社五年级语文下册《狼牙山五壮士》）

人物的语言在当时声音一定很响亮，但如果在朗读中真的高声呼喊，就会影响朗读的表达效果。不妨用虚声来代替，读声虽弱了，但一样能表达出特定的情感来。

三、拖腔

朗读中遇到描写惊呼、声音断续以及表达回忆、迟疑、支吾、领悟事理、声微气弱等内容时，故意拖长读音，称为拖腔。例如：

① 连长冲出掩体，高声喊道：“同志们，冲！”

分析：命令，用拖腔朗读，并运用虚声，就能表现出指挥若定、富有号召力的特点。

② 我想把小手

安在桃树枝上。

带着一串花苞，

牵着万缕阳光，

悠啊，悠——

悠出声声春的歌唱。（高洪波《我想》）

分析：《我想》写了一个孩子一连串美妙的幻想，朗读“悠啊，悠”时用拖腔来表现，可以很好地展现快乐的场面。

四、颤声

指为表达某种特殊情绪或悲痛、哀婉、忧伤等情态，朗读时发出的发颤或稍带泣诉、伤感的声调。例如：

① 当你走近　请你细听

那颤抖的叶是我等待的热情

而当你终于无视地走过

在你身后落了一地的

朋友啊　那不是花瓣

是我凋零的心（席慕蓉《一棵开花的树》）

分析：在朗诵时，若是把“不是”“凋零”用颤音表现，对于情感的表达就会更到位。

② 我们还记得，我们的一个伤员在您家里休养，敌机来了，您丢下自己的小孙孙，把伤员背进了防空洞；当您再回去抢救小孙孙的时候，房子已经炸平了。您为我们失去了唯一的亲人。您说，这比山还高比水还深的情谊，我们怎么会忘记？（魏巍《谁是最可爱的人》）

分析：读这段话时，如果声音微颤，语调呜咽，如泣如诉，就能把志愿军战士同朝鲜老大娘话别时的感人情景再现出来，表达就会更生动、形象，催人泪下。

五、泣声

音乐中有泣声的运用，如《妹妹找哥泪花流》中的泣声唱法，表达出了特殊的韵味。朗读中也可以借鉴，表达特殊的韵味。例如：

① 我是你河边上破旧的老水车，

数百年来纺着疲惫的歌；

我是你额头上熏黑的矿灯，

在历史的隧洞里蜗行摸索；

我是你干瘪的稻穗，是失修的路基；

是淤滩上的驳船

把纤绳深深

勒进你的肩膊

——祖国啊！（舒婷《祖国啊，我亲爱的祖国》）

分析：朗读此诗时泣声的运用，更能突出作者对祖国数百年来贫困落后的历史的沉痛思考。

②其实，我也不明白为什么，为什么人类在自己亲人死去的时候悲痛欲绝，却能够坦然地杀掉别人的亲人？难道他们开枪时没有一丝犹豫么？难道他们动手剥皮时就没有一点怜悯么？当他们的亲人惨遭杀戮时他们无力反击，他们又会怎么样！（彭波《最后一只藏羚羊》）

分析：“我”挚爱的妻子、女儿和部族的兄弟们在瞬间被人类所杀害，可可西里的空气中充满了血腥，地上血流成河。“我”成了这场大屠杀中唯一的幸存者，内心悲痛欲绝。连续两个“难道”反问的句式，以及在朗读“他们又会怎么样”时运用泣声，表现出极度的悲痛和对人类的愤怒。

六、笑语

为了表现欢快、明亮或者具有反讽、讽刺意味的，可以适当带上笑声或者笑出声音进行朗读。

① 睡了的小草，

如今苏醒了！

立在太阳里，

欠伸着，揉她们的眼睛。

萎黄的小草，

如今绿色了！

俯仰惠风前，

笑迷迷地彼此向着。

不见了的小草，

如今随意长着了！

鸟儿快乐的声音，

“同伴，我们别得久了！”

好浓的春意呵！

可爱的小草，

我们的朋友，

春带了你来么？

你带了她来呢？（朱自清《小草》）

分析：整首诗歌表现的是春天来了，小草破土而出，春意盎然、生机勃勃的景象，朗读时面带微笑，会使声音具有笑意。

② 狐狸在树林里找吃的。他来到一棵大树下，看见乌鸦正站在树枝上，嘴里叼着一片肉。狐狸馋得直流口水。

他眼珠一转，对乌鸦说："亲爱的乌鸦，您好吗？"乌鸦没有回答。

狐狸赔着笑脸又说："亲爱的乌鸦，您的孩子好吗？"乌鸦看了狐狸一眼，还是没有回答。

狐狸又摇摇尾巴说："亲爱的乌鸦，您的羽毛真漂亮，麻雀比起您来，可就差多了。您的嗓子真好，谁都爱听您唱歌，您就唱几句吧！"

乌鸦听了狐狸的话，非常得意，就唱了起来。"哇……"乌鸦刚一开口，肉就掉了下来。

狐狸叼起肉，一溜烟跑掉了。（一年级上册《狐狸和乌鸦》）

分析：作品中的狐狸是狡猾、奸诈的，为了读出这种狡猾，适当地用上笑声，可以收到恰如其分的效果。

【练一练】

阅读下面诗歌或者语段，根据前面所学的停连、重音、语气、语调、节奏等知识，恰当地用上颤音、笑语、拖腔等技巧，同时融入自己对内容的理解，进行朗读设计。

（一）最后一分钟

李小雨

年夜。香港，

让我拉住你的手，

倾听最后一分钟的风雨归程。

听你越走越近的脚步，

听所有中国人的心跳和叩问。

最后一分钟

是旗帜的形状，
是天地间缓缓上升的红色，
是旗杆——挺直的中国人的脊梁，
是展开的，香港的土地和天空，
是万众欢腾中刹那的寂静，
是寂静中谁的微微颤抖的嘴唇，
是谁在泪水中一遍又一遍
轻轻呼喊着那个名字：
香港，香港，我们的心！
我看见
虎门上空的最后一缕硝烟
在百年后的最后一分钟
才终于散尽；
被撕碎的历史教科书，
第 1997 页上，
那深入骨髓的伤痕，
已将血和刀光
铸进我们的灵魂。
当一纸发黄的旧条约悄然落地，
烟尘中浮现出来的
长城的脸上，黄皮肤的脸上，
是什么在缓缓地流淌——
百年的痛苦和欢乐，
都穿过这一滴泪珠，
使大海沸腾！

此刻，
是午夜，又是清晨，
所有的眼睛都是崭新的日出，
所有的礼炮都是世纪的钟声。
香港，让我紧紧拉住你的手吧，
倾听最后一分钟的风雨归程，

然后去奔跑，去拥抱，
去迎接那新鲜的
含露的、芳香的
扎根在深深大地上的
第一朵紫荆……

背景资料：

1997年7月1日，在中国历史博物馆门前的香港回归倒计时牌上，当大大的“0”字出现的那一刻，中国人民积聚心中的爱国情感喷涌而出。

（二）妈妈，我等了你二十年

妈妈
那一定是你，我听到了，
那手工的绣花布鞋，
踏在地上的声音，
从襁褓时开始就听着，
一直听到穿上了绿色的军装。
当我在军营的梦乡中醒来，
仿佛有你轻轻的脚步来到我床前，
准备给我盖上裸露的手臂。
当我在猫耳洞里感到饥渴，
我就闭上眼睛，
仿佛又听到你轻轻的脚步来到我跟前，
准备端给我一碗甜甜的汤圆。

妈妈，二十年前，
当我被敌人罪恶的子弹击倒在前沿，
我多么想：你亲手为我合上双眼，
用你温柔的手，
再摸我的脸颊一遍，
让我在冥冥中，
再次接触你手上粗硬的老茧。

妈妈，我多想对你说，
我倒下的时候，
我的枪刺，
指向敌人阵地的那边。
妈妈，我多想向你证明，
我，作为一个军人，
没有给你丢脸。

妈妈，二十年来，
我和我忠实的弟兄们，
默默地站在这昔日的前线。
我昔日的兄弟姐妹们来过，
他们向我们带来了欢笑，
他们向我们倾诉衷肠，
他们把泪水洒在这墓前，
鲜花、美酒、醇烟，
还有他们的后代那红红的嫩脸。
可是，没有妈妈那替代不了的抚摸，
我心中的寂寞，永远无法排遣。

妈妈，二十年，
你走了好远，好远，
妈妈，二十年，
我知道你好难，好难。
我不怪你，
因为你没有足够的钱。
妈妈，你空手来的，
没有任何祭品，
我不怪你，
因为你没有足够的钱。

妈妈，我知道：
你还没有吃饭，

可惜我不能为你尽孝，
只能望着你无言。
妈妈，
你的哭声是那样辛酸，
我明白你嫌自己来得太晚。
妈妈，
你在我头上的拍打是那样的无奈，
我明白你在追问为什么要二十年。
妈妈，
为了千万个另外的妈妈，
我和你都做出了无悔的奉献。
妈妈，
在你的身后，
是飞速发展的喧闹，
是灯红酒绿的金宵，
是耸入云端的豪华，
但是，
你感受到了什么，妈妈？
我不求再有什么额外的照料，
一声“烈士”已经足够，
我只求下个清明，
我的妈妈，
能够再来抚摸我的墓碑，
因为我的妈妈，
没有剩下多少二十年。

背景资料：

1984年4月28日，在对越自卫反击战中，来自云南省嵩明县的某部战士赵占英牺牲了，牺牲的时候年仅20岁。

2004年清明期间，烈士的母亲，第一次从家乡来到云南麻栗坡烈士陵园看望牺牲了20年的儿子。面对烈士妈妈的行行泪、声声泣，面对烈士妈妈撕心裂肺、肝肠寸断的哭喊，战士们写下了这首诗。

第四节　普通话语音规范中的轻声和儿化

一、轻声

1. 本表根据《普通话水平测试用普通话词语表》编制。
2. 本表供普通话水平测试第二项——读多音节词语（100个音节）测试使用。
3. 本表共收词545条（其中“子”尾词206条），按汉语拼音字母顺序排列。
4. 条目中的非轻声音节只标本调，不标变调；条目中的轻声音节，注音不标调号。

1 爱人 àiren
2 案子 ànzi
3 巴掌 bāzhang
4 把子 bǎzi
5 把子 bàzi
6 爸爸 bàba
7 白净 báijing
8 班子 bānzi
9 板子 bǎnzi
10 帮手 bāngshou
11 梆子 bāngzi
12 膀子 bǎngzi
13 棒槌 bàngchui
14 棒子 bàngzi
15 包袱 bāofu
16 包涵 bāohan
17 包子 bāozi
18 豹子 bàozi
19 杯子 bēizi
20 被子 bèizi
21 本事 běnshi
22 本子 běnzi
23 鼻子 bízi
24 比方 bǐfang
25 鞭子 biānzi
26 扁担 biǎndan
27 辫子 biànzi
28 别扭 bièniu
29 饼子 bǐngzi
30 拨弄 bōnong
31 脖子 bózi
32 簸箕 bòji
33 补丁 bǔding
34 不由得 bùyóude
35 不在乎 bùzàihu
36 步子 bùzi
37 部分 bùfen
38 裁缝 cáifeng
39 财主 cáizhu
40 苍蝇 cāngying
41 差事 chāishi
42 柴火 cháihuo
43 肠子 chángzi
44 厂子 chǎngzi
45 场子 chǎngzi
46 车子 chēzi
47 称呼 chēnghu
48 池子 chízi
49 尺子 chǐzi
50 虫子 chóngzi
51 绸子 chóuzi
52 除了 chúle
53 锄头 chútou
54 畜生 chùsheng
55 窗户 chuānghu
56 窗子 chuāngzi
57 锤子 chuízi
58 刺猬 cìwei
59 凑合 còuhe
60 村子 cūnzi
61 耷拉 dāla
62 答应 dāying
63 打扮 dǎban

64 打点 dǎdian
65 打发 dǎfa
66 打量 dǎliang
67 打算 dǎsuan
68 打听 dǎting
69 大方 dàfang
70 大爷 dàye
71 大夫 dàifu
72 带子 dàizi
73 袋子 dàizi
74 耽搁 dānge
75 耽误 dānwu
76 单子 dānzi
77 胆子 dǎnzi
78 担子 dànzi
79 刀子 dāozi
80 道士 dàoshi
81 稻子 dàozi
82 灯笼 dēnglong
83 提防 dīfang
84 笛子 dízi
85 底子 dǐzi
86 地道 dìdao
87 地方 dìfang
88 弟弟 dìdi
89 弟兄 dìxiong
90 点心 diǎnxin
91 调子 diàozi
92 钉子 dīngzi
93 东家 dōngjia
94 东西 dōngxi
95 动静 dòngjing
96 动弹 dòngtan
97 豆腐 dòufu
98 豆子 dòuzi
99 嘟囔 dūnang
100 肚子 dǔzi
101 肚子 dùzi
102 缎子 duànzi
103 对付 duìfu
104 对头 duìtou
105 队伍 duìwu
106 多么 duōme
107 蛾子 ézi
108 儿子 érzi
109 耳朵 ěrduo
110 贩子 fànzi
111 房子 fángzi
112 份子 fènzi
113 风筝 fēngzheng
114 疯子 fēngzi
115 福气 fúqi
116 斧子 fǔzi
117 盖子 gàizi
118 甘蔗 gānzhe
119 杆子 gānzi
120 杆子 gǎnzi
121 干事 gànshi
122 杠子 gàngzi
123 高粱 gāoliang
124 膏药 gāoyao
125 稿子 gǎozi
126 告诉 gàosu
127 疙瘩 gēda
128 哥哥 gēge
129 胳膊 gēbo
130 鸽子 gēzi
131 格子 gézi
132 个子 gèzi
133 根子 gēnzi
134 跟头 gēntou
135 工夫 gōngfu
136 弓子 gōngzi
137 公公 gōnggong
138 功夫 gōngfu
139 钩子 gōuzi
140 姑姑 gūgu
141 姑娘 gūniang
142 谷子 gǔzi
143 骨头 gǔtou
144 故事 gùshi
145 寡妇 guǎfu
146 褂子 guàzi
147 怪物 guàiwu
148 关系 guānxi
149 官司 guānsi
150 罐头 guàntou
151 罐子 guànzi
152 规矩 guīju
153 闺女 guīnü
154 鬼子 guǐzi
155 柜子 guìzi
156 棍子 gùnzi
157 锅子 guōzi
158 果子 guǒzi
159 蛤蟆 háma

160 孩子 háizi
161 含糊 hánhu
162 汉子 hànzi
163 行当 hángdang
164 合同 hétong
165 和尚 héshang
166 核桃 hétao
167 盒子 hézi
168 红火 hónghuo
169 猴子 hóuzi
170 后头 hòutou
171 厚道 hòudao
172 狐狸 húli
173 胡琴 húqin
174 糊涂 hútu
175 皇上 huángshang
176 幌子 huǎngzi
177 胡萝卜 húluóbo
178 活泼 huópo
179 火候 huǒhou
180 伙计 huǒji
181 护士 hùshi
182 机灵 jīling
183 脊梁 jǐliang
184 记号 jìhao
185 记性 jìxing
186 夹子 jiāzi
187 家伙 jiāhuo
188 架势 jiàshi
189 架子 jiàzi
190 嫁妆 jiàzhuang
191 尖子 jiānzi
192 茧子 jiǎnzi
193 剪子 jiǎnzi
194 见识 jiànshi
195 毽子 jiànzi
196 将就 jiāngjiu
197 交情 jiāoqing
198 饺子 jiǎozi
199 叫唤 jiàohuan
200 轿子 jiàozi
201 结实 jiēshi
202 街坊 jiēfang
203 姐夫 jiěfu
204 姐姐 jiějie
205 戒指 jièzhi
206 金子 jīnzi
207 精神 jīngshen
208 镜子 jìngzi
209 舅舅 jiùjiu
210 橘子 júzi
211 句子 jùzi
212 卷子 juànzi
213 咳嗽 késou
214 客气 kèqi
215 空子 kòngzi
216 口袋 kǒudai
217 口子 kǒuzi
218 扣子 kòuzi
219 窟窿 kūlong
220 裤子 kùzi
221 快活 kuàihuo
222 筷子 kuàizi
223 框子 kuàngzi
224 困难 kùnnan
225 阔气 kuòqi
226 喇叭 lǎba
227 喇嘛 lǎma
228 篮子 lánzi
229 懒得 lǎnde
230 浪头 làngtou
231 老婆 lǎopo
232 老实 lǎoshi
233 老太太 lǎotàitai
234 老头子 lǎotóuzi
235 老爷 lǎoye
236 老子 lǎozi
237 姥姥 lǎolao
238 累赘 léizhui
239 篱笆 líba
240 里头 lǐtou
241 力气 lìqi
242 厉害 lìhai
243 利落 lìluo
244 利索 lìsuo
245 例子 lìzi
246 栗子 lìzi
247 痢疾 lìji
248 连累 liánlei
249 帘子 liánzi
250 凉快 liángkuai
251 粮食 liángshi
252 两口子 liǎngkǒuzi
253 料子 liàozi
254 林子 línzi
255 翎子 língzi

256 领子 lǐngzi
257 溜达 liūda
258 聋子 lóngzi
259 笼子 lóngzi
260 炉子 lúzi
261 路子 lùzi
262 轮子 lúnzi
263 萝卜 luóbo
264 骡子 luózi
265 骆驼 luòtuo
266 妈妈 māma
267 麻烦 máfan
268 麻利 máli
269 麻子 mázi
270 马虎 mǎhu
271 码头 mǎtou
272 买卖 mǎimai
273 麦子 màizi
274 馒头 mántou
275 忙活 mánghuo
276 冒失 màoshi
277 帽子 màozi
278 眉毛 méimao
279 媒人 méiren
280 妹妹 mèimei
281 门道 méndao
282 眯缝 mīfeng
283 迷糊 míhu
284 面子 miànzi
285 苗条 miáotiao
286 苗头 miáotou
287 名堂 míngtang
288 名字 míngzi
289 明白 míngbai
290 蘑菇 mógu
291 模糊 móhu
292 木匠 mùjiang
293 木头 mùtou
294 那么 nàme
295 奶奶 nǎinai
296 难为 nánwei
297 脑袋 nǎodai
298 脑子 nǎozi
299 能耐 néngnai
300 你们 nǐmen
301 念叨 niàndao
302 念头 niàntou
303 娘家 niángjia
304 镊子 nièzi
305 奴才 núcai
306 女婿 nǚxu
307 暖和 nuǎnhuo
308 疟疾 nüèji
309 拍子 pāizi
310 牌楼 páilou
311 牌子 páizi
312 盘算 pánsuan
313 盘子 pánzi
314 胖子 pàngzi
315 狍子 páozi
316 盆子 pénzi
317 朋友 péngyou
318 棚子 péngzi
319 脾气 píqi
320 皮子 pízi
321 痞子 pǐzi
322 屁股 pìgu
323 片子 piānzi
324 便宜 piányi
325 骗子 piànzi
326 票子 piàozi
327 漂亮 piàoliang
328 瓶子 píngzi
329 婆家 pójia
330 婆婆 pópo
331 铺盖 pūgai
332 欺负 qīfu
333 旗子 qízi
334 前头 qiántou
335 钳子 qiánzi
336 茄子 qiézi
337 亲戚 qīnqi
338 勤快 qínkuai
339 清楚 qīngchu
340 亲家 qìngjia
341 曲子 qǔzi
342 圈子 quānzi
343 拳头 quántou
344 裙子 qúnzi
345 热闹 rènao
346 人家 rénjia
347 人们 rénmen
348 认识 rènshi
349 日子 rìzi
350 褥子 rùzi
351 塞子 sāizi

352 嗓子 sǎngzi
353 嫂子 sǎozi
354 扫帚 sàozhou
355 沙子 shāzi
356 傻子 shǎzi
357 扇子 shànzi
358 商量 shāngliang
359 上司 shàngsi
360 上头 shàngtou
361 烧饼 shāobing
362 勺子 sháozi
363 少爷 shàoye
364 哨子 shàozi
365 舌头 shétou
366 身子 shēnzi
367 什么 shénme
368 婶子 shěnzi
369 生意 shēngyi
370 牲口 shēngkou
371 绳子 shéngzi
372 师父 shīfu
373 师傅 shīfu
374 虱子 shīzi
375 狮子 shīzi
376 石匠 shíjiang
377 石榴 shíliu
378 石头 shítou
379 时候 shíhou
380 实在 shízai
381 拾掇 shíduo
382 使唤 shǐhuan
383 世故 shìgu
384 似的 shìde
385 事情 shìqing
386 柿子 shìzi
387 收成 shōucheng
388 收拾 shōushi
389 首饰 shǒushi
390 叔叔 shūshu
391 梳子 shūzi
392 舒服 shūfu
393 舒坦 shūtan
394 疏忽 shūhu
395 爽快 shuǎngkuai
396 思量 sīliang
397 算计 suànji
398 岁数 suìshu
399 孙子 sūnzi
400 他们 tāmen
401 它们 tāmen
402 她们 tāmen
403 台子 táizi
404 太太 tàitai
405 摊子 tānzi
406 坛子 tánzi
407 毯子 tǎnzi
408 桃子 táozi
409 特务 tèwu
410 梯子 tīzi
411 蹄子 tízi
412 挑剔 tiāoti
413 挑子 tiāozi
414 条子 tiáozi
415 跳蚤 tiàozao
416 铁匠 tiějiang
417 亭子 tíngzi
418 头发 tóufa
419 头子 tóuzi
420 兔子 tùzi
421 妥当 tuǒdang
422 唾沫 tuòmo
423 挖苦 wāku
424 娃娃 wáwa
425 袜子 wàzi
426 晚上 wǎnshang
427 尾巴 wěiba
428 委屈 wěiqu
429 为了 wèile
430 位置 wèizhi
431 位子 wèizi
432 蚊子 wénzi
433 稳当 wěndang
434 我们 wǒmen
435 屋子 wūzi
436 稀罕 xīhan
437 席子 xízi
438 媳妇 xífu
439 喜欢 xǐhuan
440 瞎子 xiāzi
441 匣子 xiázi
442 下巴 xiàba
443 吓唬 xiàhu
444 先生 xiānsheng
445 乡下 xiāngxia
446 箱子 xiāngzi
447 相声 xiàngsheng
448 消息 xiāoxi
449 小伙子 xiǎohuǒzi
450 小气 xiǎoqi

451 小子 xiǎozi
452 笑话 xiàohua
453 谢谢 xièxie
454 心思 xīnsi
455 星星 xīngxing
456 猩猩 xīngxing
457 行李 xíngli
458 性子 xìngzi
459 兄弟 xiōngdi
460 休息 xiūxi
461 秀才 xiùcai
462 秀气 xiùqi
463 袖子 xiùzi
464 靴子 xuēzi
465 学生 xuésheng
466 学问 xuéwen
467 丫头 yātou
468 鸭子 yāzi
469 衙门 yámen
470 哑巴 yǎba
471 胭脂 yānzhi
472 烟筒 yāntong
473 眼睛 yǎnjing
474 燕子 yànzi
475 秧歌 yāngge
476 养活 yǎnghuo
477 样子 yàngzi
478 吆喝 yāohe
479 妖精 yāojing
480 钥匙 yàoshi
481 椰子 yēzi
482 爷爷 yéye
483 叶子 yèzi
484 一辈子 yībèizi
485 衣服 yīfu
486 衣裳 yīshang
487 椅子 yǐzi
488 意思 yìsi
489 银子 yínzi
490 影子 yǐngzi
491 应酬 yìngchou
492 柚子 yòuzi
493 冤枉 yuānwang
494 院子 yuànzi
495 月饼 yuèbing
496 月亮 yuèliang
497 云彩 yúncai
498 运气 yùnqi
499 在乎 zàihu
500 咱们 zánmen
501 早上 zǎoshang
502 怎么 zěnme
503 扎实 zhāshi
504 眨巴 zhǎba
505 栅栏 zhàlan
506 宅子 zháizi
507 寨子 zhàizi
508 张罗 zhāngluo
509 丈夫 zhàngfu
510 帐篷 zhàngpeng
511 丈人 zhàngren
512 帐子 zhàngzi
513 招呼 zhāohu
514 招牌 zhāopai
515 折腾 zhēteng
516 这个 zhège
517 这么 zhème
518 枕头 zhěntou
519 镇子 zhènzi
520 芝麻 zhīma
521 知识 zhīshi
522 侄子 zhízi
523 指甲 zhǐjia(zhījia)
524 指头 zhǐtou (zhítou)
525 种子 zhǒngzi
526 珠子 zhūzi
527 竹子 zhúzi
528 主意 zhǔyi (zhúyi)
529 主子 zhǔzi
530 柱子 zhùzi
531 爪子 zhuǎzi
532 转悠 zhuànyou
533 庄稼 zhuāngjia
534 庄子 zhuāngzi
535 壮实 zhuàngshi
536 状元 zhuàngyuan
537 锥子 zhuīzi
538 桌子 zhuōzi
539 字号 zìhao
540 自在 zìzai
541 粽子 zòngzi
542 祖宗 zǔzong
543 嘴巴 zuǐba
544 作坊 zuōfang
545 琢磨 zhuómo

二、儿化

1. 本表参照《普通话水平测试用普通话词语表》及《现代汉语词典》编制，加*的是以上二者未收，根据测试需要而酌增的条目。

2. 本表仅供普通话水平测试第二项——读多音节词语（100个音节）测试使用。本表儿化音节，在书面上一律加“儿”，但并不表明所列词语在任何语用场合都必须儿化。

3. 本表共收词189条，按儿化韵母的汉语拼音顺序排列。

4. 本表列出原形韵母和所对应的儿化韵，用>表示条目中儿化音节的注音，只在基本形式后面加r，如“一会儿”，不标语音上的实际变化。

1 刀把儿 dāobàr
2 号码儿 hàomǎr
3 戏法儿 xìfǎr
4 在哪儿 zàinǎr
5 找茬儿 zhǎochár
6 打杂儿 dǎzár
7 板擦儿 bǎncār
8 名牌儿 míngpáir
9 鞋带儿 xiédàir
10 壶盖儿 húgàir
11 小孩儿 xiǎoháir
12 加塞儿 jiāsāir
13 快板儿 kuàibǎnr
14 老伴儿 lǎobànr
15 蒜瓣儿 suànbànr
16 脸盘儿 liǎnpánr
17 脸蛋儿 liǎndànr
18 收摊儿 shōutānr
19 栅栏儿 zhàlánr
20 包干儿 bāogānr
21 笔杆儿 bǐgǎnr
22 门槛儿 ménkǎnr
23 药方儿 yàofāngr
24 赶趟儿 gǎntàngr
25 香肠儿 xiāngchángr
26 瓜瓤儿 guārángr
27 掉价儿 diàojiàr
28 一下儿 yīxiàr
29 豆芽儿 dòuyár
30 小辫儿 xiǎobiànr
31 照片儿 zhàopiānr
32 扇面儿 shànmiànr
33 差点儿 chàdiǎnr
34 一点儿 yīdiǎnr
35 雨点儿 yǔdiǎnr
36 聊天儿 liáotiānr
37 拉链儿 lāliànr
38 冒尖儿 màojiānr
39 坎肩儿 kǎnjiānr
40 牙签儿 yáqiānr
41 露馅儿 lòuxiànr
42 心眼儿 xīnyǎnr
43 鼻梁儿 bíliángr
44 透亮儿 tòuliàngr
45 花样儿 huāyàngr
46 脑瓜儿 nǎoguār
47 大褂儿 dàguàr
48 麻花儿 máhuār
49 笑话儿 xiàohuar
50 牙刷儿 yáshuār
51 一块儿 yīkuàir
52 茶馆儿 cháguǎnr
53 饭馆儿 fànguǎnr
54 火罐儿 huǒguànr
55 落款儿 luòkuǎnr
56 打转儿 dǎzhuànr
57 拐弯儿 guǎiwānr
58 好玩儿 hǎowánr
59 大腕儿 dàwànr
60 蛋黄儿 dànhuángr
61 打晃儿 dǎhuàngr
62 天窗儿 tiānchuāngr

63 烟卷儿 yānjuǎnr
64 手绢儿 shǒujuànr
65 出圈儿 chūquānr
66 包圆儿 bāoyuánr
67 人缘儿 rényuánr
68 绕远儿 ràoyuǎnr
69 杂院儿 záyuànr
70 刀背儿 dāobèir
71 摸黑儿 mōhēir
72 老本儿 lǎoběnr
73 花盆儿 huāpénr
74 嗓门儿 sǎngménr
75 把门儿 bǎménr
76 哥们儿 gēmenr
77 纳闷儿 nàmènr
78 后跟儿 hòugēnr
79 高跟儿鞋 gāogēnrxié
80 别针儿 biézhēnr
81 一阵儿 yīzhènr
82 走神儿 zǒushénr
83 大婶儿 dàshěnr
84 小人儿书 xiǎorénrshū
85 杏仁儿 xìngrénr
86 刀刃儿 dāorènr
87 钢镚儿 gāngbèngr
88 夹缝儿 jiāfèngr
89 脖颈儿 bógěngr
90 提成儿 tíchéngr
91 半截儿 bànjiér
92 小鞋儿 xiǎoxiér
93 旦角儿 dànjuér
94 主角儿 zhǔjuér
95 跑腿儿 pǎotuǐr
96 一会儿 yīhuìr
97 耳垂儿 ěrchuír
98 墨水儿 mòshuǐr
99 围嘴儿 wéizuǐr
100 走味儿 zǒuwèir
101 打盹儿 dǎdǔnr
102 胖墩儿 pàngdūnr
103 砂轮儿 shālúnr
104 冰棍儿 bīnggùnr
105 没准儿 méizhǔnr
106 开春儿 kāichūnr
107 小瓮儿 xiǎowèngr
108 瓜子儿 guāzǐr
109 石子儿 shízǐr
110 没词儿 méicír
111 挑刺儿 tiāocìr
112 墨汁儿 mòzhīr
113 锯齿儿 jùchǐr
114 记事儿 jìshìr
115 针鼻儿 zhēnbír
116 垫底儿 diàndǐr
117 肚脐儿 dùqír
118 玩意儿 wányìr
119 有劲儿 yǒujìnr
120 送信儿 sòngxìnr
121 脚印儿 jiǎoyìnr
122 花瓶儿 huāpíngr
123 打鸣儿 dǎmíngr
124 图钉儿 túdīngr
125 门铃儿 ménlíngr
126 眼镜儿 yǎnjìngr
127 蛋清儿 dànqīngr
128 火星儿 huǒxīngr
129 人影儿 rényǐngr
130 毛驴儿 máolǘr
131 小曲儿 xiǎoqǔr
132 痰盂儿 tányúr
133 合群儿 héqúnr
134 模特儿 mótèr
135 逗乐儿 dòulèr
136 唱歌儿 chànggēr
137 挨个儿 āigèr
138 打嗝儿 dǎgér
139 饭盒儿 fànhér
140 在这儿 zàizhèr
141 碎步儿 suìbùr
142 没谱儿 méipǔr
143 儿媳妇儿 érxífur
144 梨核儿 líhúr
145 泪珠儿 lèizhūr
146 有数儿 yǒushùr
147 果冻儿 guǒdòngr
148 门洞儿 méndòngr
149 胡同儿 hútòngr
150 抽空儿 chōukòngr
151 酒盅儿 jiǔzhōngr
152 小葱儿 xiǎocōngr

153 小熊儿 xiǎoxióngr
154 红包儿 hóngbāor
155 灯泡儿 dēngpàor
156 半道儿 bàndàor
157 手套儿 shǒutàor
158 跳高儿 tiàogāor
159 叫好儿 jiàohǎor
160 口罩儿 kǒuzhàor
161 绝着儿 juézhāor
162 口哨儿 kǒushàor
163 蜜枣儿 mìzǎor
164 鱼漂儿 yúpiāor
165 火苗儿 huǒmiáor
166 跑调儿 pǎodiàor
167 面条儿 miàntiáor
168 豆角儿 dòujiǎor
169 开窍儿 kāiqiàor
170 衣兜儿 yīdōur
171 老头儿 lǎotóur
172 年头儿 niántóur
173 小偷儿 xiǎotōur
174 门口儿 ménkǒur
175 纽扣儿 niǔkòur
176 线轴儿 xiànzhóur
177 小丑儿 xiǎochǒur
178 加油儿 jiāyóur
179 顶牛儿 dǐngniúr
180 抓阄儿 zhuājiūr
181 棉球儿 miánqiúr
182 火锅儿 huǒguōr
183 做活儿 zuòhuór
184 大伙儿 dàhuǒr
185 邮戳儿 yóuchuōr
186 小说儿 xiǎoshuōr
187 被窝儿 bèiwōr
188 耳膜儿 ěrmór
189 粉末儿 fěnmòr

第二辑 不同题材作品的朗读

作品的题材不同，对朗读要求也不同。朗读者既要把握各类文体在有声语言表达中的“共性”，也要灵活处理，自如地运用朗读技巧，彰显具体文本的“个性”。

第一节　记叙文朗读

一、什么是记叙文

记叙文是最常见的一种文体。叙述、描写是记叙文的主要表达方式，记人、叙事、写景、状物是记叙文的主要内容。

记叙文的主要特点是通过生动的形象、具体的事件来反映生活，表达作者的思想感情。记叙文通过对人、事、景、物的生动描写来表现中心，中心思想蕴含在具体材料之中。记叙文不是对客观事物的抽象概括，而是对客观事物进行具体、形象的刻画，给读者以如见其人、如临其事、如观其景、如察其物的真切感受。

二、记叙文的类型

根据写作对象的不同，记叙文可分为四类：写人、叙事、写景、状物。

写人的记叙文，指记叙、描写某个或者几个主要人物的文章。此类记叙文往往也会穿插一些人物故事，但这些故事主要为刻画人物形象服务，表现人物的性格特点。

叙事的记叙文，指以讲述真实的事件或者描述虚构的故事为主的文章。事件和故事的叙述过程中不可避免地会涉及人物，但在叙事的记叙文里，人物只是构成故事情节的必要组成部分，不是主体。

写景的记叙文，指以描写景物为主的记叙文。在描写景物时，往往表现出作者的某种心情，一般好的写景记叙文都能做到情景交融，一切景语皆情语。

状物的记叙文，指以通过描写某一个具体的事物以寄托作者的某种情感或者志趣的记叙文，具有“托物言志”的特点。

三、怎样朗读记叙文

（一）读好写人的记叙文

作者在描写人物时，对人物的外貌、穿着、语言、动作等都会进行细致描写。在朗读时，我们要用心揣摩，反复斟酌，抓住这些细节，对其进行生动而恰当的表现，有时候还要对其中的对话进行声音塑造，以凸显生动的人物形象。例如二年级上册《难忘的泼水节》：

周总理身穿对襟白褂，咖啡色长裤，头上包着一条水红色头巾，笑容满面地来到人群中。他接过一只象脚鼓，敲着欢乐的鼓点，踩着凤凰花铺成的“地毯”，同傣族人民一起跳舞。

作者对周总理的穿着进行了细致的描写——周总理为了参加这次泼水节，没有随意穿衣服，而是穿上了具有傣族风格的服饰，心仿佛和傣族人民紧紧连在一起。人们看到周总理这样的穿着，也着实感到惊喜。因此，在朗读时“身穿”“包着”“笑容满面”要进行重音处理，运用轻快型的节奏，语速稍快，多上升语势，语调轻快跳动。周总理和傣族人民一起跳舞时，作者连用了三个动词“接”“敲”“踩”，在朗读时也都做重音处理，带着喜悦的感受，形象生动地展现周总理融入人群中，和傣族人民一起尽情享受泼水节的欢乐。

又比如杨绛的作品《老王》中描写老王的一段：

有一天，我在家听到打门，开门看见老王直僵僵地镶嵌在门框里。往常他坐在蹬三轮的座上，或抱着冰伛着身子进我家来，不显得那么高。也许他平时不那么瘦，也不那么直僵僵的。他面如死灰，两只眼上都结着一层翳，分不清哪一只瞎、哪一只不瞎。说得可笑些，他简直像棺材里倒出来的，就像我想象里的僵尸，骷髅上绷着一层枯黄的干皮，打上一棍就会散成一堆白骨。我吃惊地说：“啊呀，老王，你好些了吗？”

生病后的老王很久没有来作者家了，突然有一天老王敲门来拜访，作者开门看到老王的样子，着实吃惊和心疼。“直僵僵”“镶嵌”两个词语，朗读时做重音处理，“直僵僵”后面可以稍作停顿，让听者稍作想象：直僵僵的老王是什么样子？老王直僵僵地不是站着，而是“镶嵌”在门框里，“镶嵌”一词淋漓尽致地写出了此时此刻老王奄奄一息的样子，朗读时要饱含对老王的怜惜之情。“说得可笑些”可以用上朗读的特殊技巧，在朗读时带出一声苦涩的笑，表现老王的让人心疼和作者对现实生活的无奈。“简直像棺材里倒出来的”一句，朗读时气沉声缓，口腔如负重，气息如尽竭。“就像我想象里的”后面稍作停顿，让听者稍作想象和思考。“僵尸”重音轻读，“骷髅上绷着一层枯黄的干皮，打上一棍就会散成一堆白骨”一句中，一个“散”字加深了对老王的怜悯之情。重病中的老王还坚持来看望“我”，他生活得如此艰辛与卑微，可他身上却闪烁着善良的光辉，在动荡不安的年代，这样的人更加值得人们尊敬。

（二）读好叙事的记叙文

一般而言，事件都有脉络，即事件的发生、发展、高潮和结局。朗读时，我们要对叙事的脉络进行剖析和把握，通过有声语言，将来龙去脉交代清楚。朗读时宜用平直调，始终平直舒缓，没有显著的高低变化，让听者自如地体味。例如二年级上册《朱德的扁担》的开头：

1928年，朱德同志带领队伍到井冈山，跟毛泽东同志会师了。红军在山上，山下不远处就是敌人。

文章开头交代了故事的时间、地点、人物等要素，没有浓厚的感情色彩和抑扬顿挫的语调，因此，在朗读时用比较平直舒缓的语气讲述即可。

叙事记叙文中常有人物的出现，在朗读过程中要思考中心人物如何突出，普通人物怎样表现，“我”处在什么样的位置，尽量巧妙机智地处理好三者的关系。但是无论朗读什么人物，都要以人物的精神、思想为基本点进行把握，不要刻意模仿人物的语音。特别是人物的对话，记叙文中对话的朗读和童话、寓言中对话的朗读有所区别，朗读时要为人物和文章的主题服务，切忌矫揉造作，刻意模仿。例如三年级上册《手术台的阵地》：

师卫生部长匆匆赶来，对白求恩说：“师长决定让您和一部分伤员离开这里。”白求恩沉思了一会儿，说：“我同意撤走部分伤员。至于我个人，要和战士们在一起，不能离开。”部长恳求说：“白求恩同志，这儿危险，让您离开这里，是战斗形势的需要哇！”白求恩说：“谢谢师长的关心。可是，手术台是医生的阵地。战士们没有离开他们的阵地，我怎么能离开自己的阵地呢？部长同志，请您转告师长，我是一名八路军战士，不是你们的客人。”白求恩低下头，继续给伤员做手术。

这是发生在1939年抗战时期的场景，上面选段是师卫生部长和白求恩的部分对话。敌机不断地在上空盘旋，炮弹不断地在周围爆炸，部长恳请白求恩赶紧离开到安全的地方。在朗读部长的语句时，只要读出部长恳求、焦急的语气即可；在朗读白求恩的语句时，则要读出白求恩坚持留在战场给伤员做手术，忠于职守、无私奉献的精神。在朗读时不必要改变自身的声音，带着自身的情感体验和对作品的理解朗读即可。我非常赞同张颂老师的观点：“那种追求人物说话音调的朗读，走向了表演化，不能称为优秀的朗读。”

（三）读好写景的记叙文

一切景语皆情语，在朗读写景的记叙文时，首先要把握作者的思想感情。写景类的文章作者往往希望表现景物优美迷人或壮观奇丽的特点，朗读时一般节奏舒缓，语调流畅。例如二年级上册《日月潭》：

日月潭是我国台湾省最大的一个湖。它在台湾省中部的山区。那里群山环绕，树木茂盛，周围有许多名胜古迹。

日月潭很深，湖水碧绿。湖中央有个美丽的小岛，叫光华岛。小岛把湖水分成两半，北边像圆圆的太阳，叫日潭；南边像弯弯的月亮，叫月潭。

清晨，湖面上飘着薄薄的雾。天边的晨星和山上的点点灯光，隐隐约约地倒映在湖水中。

中午，太阳高照，整个日月潭的美景和周围的建筑，都清晰地展现在眼前。要是下起蒙蒙细雨，日月潭好像披上轻纱，周围的景物一片朦胧，就像童话中的仙境。

日月潭风光秀丽，吸引了许许多多的中外游客。

文章基本上都是描述性的语言，文质兼美，五个自然段形象生动地展现了日月潭的迷人风采。朗读者一般以舒缓型的节奏，带着对日月潭的向往之情进行朗读，通过有声语言的表达，让听者眼前仿佛展现出一幅幅壮美的日月潭画卷，让听者内心也产生对风光秀丽的日月潭的向往之情。

（四）读好状物的记叙文

状物记叙文描绘的是物体的具体特征，朗读时我们要把握住特征，对其进行鲜明、生动、细腻传神的刻画。一般而言，在朗读状物记叙文时，可以运用重音、停连等表达技巧，对有关词语、句子进行强调、突出，把状写的对象表现得鲜明而深刻。例如五年级上册冯骥才的作品《珍珠鸟》：

真好！朋友送我一对珍珠鸟。放在一个简易的竹条编成的笼子里，笼内还有一卷干草，那是小鸟舒适又温暖的巢。

有人说，这是一种怕人的鸟。

我把它挂在窗前。那儿还有一大盆异常茂盛的法国吊兰。我便用吊兰长长的、串生着小绿叶的垂蔓蒙盖在鸟笼上，它们就像躲进深幽的丛林一样安全；从中传出的笛儿般又细又亮的叫声，也就格外轻松自在了。

阳光从窗外射入，透过这里，吊兰那些无数指甲状的小叶，一半成了黑影，一半被照透，如同碧玉；斑斑驳驳，生意葱茏。小鸟的影子就在这中间隐约闪动，看不完整，有时连笼子也看不出，却见它们可爱的鲜红小嘴儿从绿叶中伸出来。

我很少扒开叶蔓瞧它们，它们便渐渐敢伸出小脑袋瞅瞅我。我们就这样一点点熟悉了。

三个月后，那一团越发繁茂的绿蔓里边，发出一种尖细又娇嫩的鸣叫。我猜到，是它们，有了雏儿。我呢？决不掀开叶片往里看，连添食加水时也不睁大好奇的眼去惊动它们。过不多久，忽然有一个更小的脑袋从叶间探出来。更小哟，雏儿！正是这小家伙！

它小，就能轻易地由疏格的笼子钻出身。瞧，多么像它的母亲：红嘴红脚，灰蓝色的毛，只是后背还没生出珍珠似的圆圆的白点；它好肥，整个身子好像一个蓬松的球儿。

起先，这小家伙只在笼子四周活动，随后就在屋里飞来飞去，一会儿落在柜顶上，一会儿神气十足地站在书架上，啄着书背上那些大文豪的名字；一会儿把灯绳撞得来回摇动，跟着跳到画框上去了。只要大鸟儿在笼里生气地叫一声，它立即飞回笼里去。

我不管它。这样久了，打开窗子，它最多只在窗框上站一会儿，决不飞出去。

渐渐它胆子大了，就落在我书桌上。

它先是离我较远，见我不去伤害它，便一点点挨近，然后蹦到我的杯子上，俯下头来喝茶，再偏过脸瞧瞧我的反应。我只是微微一笑，依旧写东西，它就放开胆子跑到稿纸上，绕着我的笔尖蹦来蹦去；跳动的小红爪子在纸上发出嚓嚓响。

我不动声色地写，默默享受着这小家伙亲近的情意。这样，它完全放心了。索性用那涂了蜡似的、角质的小红嘴，“嗒嗒”啄着我颤动的笔尖。我用手抚一抚它细腻的绒毛，它也不怕，反而友好地啄两下我的手指。

有一次，它居然跳进我的空茶杯里，隔着透明光亮的玻璃瞅我。它不怕我突然把杯口捂住。是的，我不会。

白天，它这样淘气地陪伴我；天色入暮，它就在父母的再三呼唤声中，飞向笼子，扭动滚圆的身子，挤开那些绿叶钻进去。

有一天，我伏案写作时，它居然落到我的肩上。我手中的笔不觉停了，生怕惊跑它。呆一会儿，扭头看，这小家伙竟趴在我的肩头睡着了，银灰色的眼脸盖住眸子，小红脚刚好给胸脯上长长的绒毛盖住。我轻轻抬一抬肩，它没醒，睡得好熟！还咂咂嘴，难道在做梦？

我笔尖一动，流泻下一时的感受：

信赖，往往创造出美好的境界。

文章主要描述了“我”为一种怕人的珍珠鸟创造了安逸舒适、自由自在的生活环境，使它们与“我”越来越亲近的故事，谱写了一曲人与动物之间爱的赞歌，同时也表达了信赖是人类社会的准则的理念。文章语言轻柔婉约，却也有波澜跌宕，其情感浓郁，描绘细腻，朴素而有文采。开篇第一句“真好”，就要带着喜悦的心情，一下子把听众带入情境，引发听众期待。在朗读过程中，重音、停连等技巧要灵活处理和运用，基本上以轻快型和舒缓型的节奏交替进行，语调时而轻快跳动，时而舒缓平和，要着力展现珍珠鸟的活泼可爱，以及“我”的友好。

总而言之，记叙文的题材不同，在朗读时侧重点也要有所区分。

第二节　童话朗读

一、什么是童话

“童话”在《现代汉语词典》中的解释是“儿童文学的一种体裁，通过丰富的想象、幻想和夸张来编写的适合于儿童欣赏的故事”。在《辞海》中的解释是“儿童文学的一种。通过丰富的想象、幻想和夸张来塑造艺术形象，反映生活，增进儿童思想性格的成长”。综上所述，我们说，童话是一种通过丰富的想象、幻想和夸张来创造形象、反映生活、对儿童进行教育的文学体裁。

从表现方法来看，童话一般分为拟人体童话（代表作品如《木偶奇遇记》）、超人体童话（代表作品如《巨人的花园》）、常人体童话（代表作品如《皇帝的新装》）、知识体童话等；从表现题材上来看，童话又分为科学童话和文学童话两类。童话的语言浅显、生动而优美，情节饶有趣味，拟人、夸张、象征、反复等是童话经常运用的表现方法。

二、怎样朗读童话

（一）奠定朗读基调

童话能帮助少年儿童认识世界，唤起儿童对神奇的自然界和人类社会的兴趣和关心。同时，它还能发展儿童的思维，丰富儿童的想象力，给儿童以美的享受，激发儿童的创造欲望。在朗读时，要以充满想象和幻想的语气娓娓道来，营造出某种亦真亦幻、虚实相映的语言氛围。

（二）充满童真童趣

朗读者应该站在儿童视角，从孩子的心理出发，相信童话里所讲的故事是在生活中发生的，相信童话中发生的一切都是真实可信的。要与童话中的“人物”同甘苦，共患难。例如三年级上册童话故事《去年的树》。

一棵树和一只鸟儿是好朋友。鸟儿坐在树枝上，天天给树唱歌。树呢，天天站着听鸟儿唱。

日子一天天过去，寒冷的冬天就要来到了。鸟儿必须离开树，飞到很远很远的地方去。

树对鸟儿说：“再见了，小鸟！明年春天请你再回来，还唱歌给我听。”

鸟儿说：“好。我明年一定回来，给你唱歌。请等着我吧！”

鸟儿说完，就向南方飞去。

春天又来了，原野上、森林里的雪都融化了。鸟儿又回到这里，找她的好朋友树来了。

可是，发生了什么事情呢？树，不见了，只剩下树根留在那里。

“立在这儿的那棵树，到什么地方去了呀？”鸟儿问树根。

树根回答：“伐木人用斧子把它砍倒，拉到山谷里去了。”

鸟儿向山谷里飞去。

山谷里有座很大的工厂，锯木头的声音沙沙地响着。

鸟儿落在工厂的大门上。她问大门：“门先生，我的好朋友树在哪儿，您知道吗？”

大门回答说：“树嘛，在厂子里给切成细条，做成火柴，运到那边的村子里卖掉了。”

鸟儿向村子里飞去。

在一盏煤油灯旁，坐着一个小女孩。鸟儿问女孩：“小姑娘，请告诉我，你知道火柴在哪儿吗？”

小女孩回答说：“火柴已经用光了。可是火柴点燃的火，还在这盏灯里亮着。”

鸟儿睁大眼睛，盯着灯火看了一会儿。

接着，她就唱起去年唱过的歌，给灯火听。

唱完了歌，鸟儿又盯着灯火看了一会儿，就飞走了。

这则童话故事讲述的是一只鸟儿和一棵树珍惜友情的故事。在朗读时，朗读者要走进鸟的内心世界，把自己当成一只鸟，和鸟儿同甘苦、共患难。一开始，鸟儿每天都给树唱歌，非常开心自在，在朗读时也要读出这种美好的情感。第二年春天，鸟儿回来却发现树不见了，一路寻找一路失望，在朗读时要读出鸟儿的这种心理变化。

（三）夸张形象个性

童话作品赞颂真、善、美，鞭挞假、丑、恶，情感倾向比较鲜明，而且表达也比较直白，所以在朗读时，我们要表达鲜明的爱憎感情，并适度地把这种情感进行夸张，以刻画鲜明的人物形象，表现生动的故事情节。

例如三年级上册《在牛肚子里旅行》（节选）：

“救命啊！救命啊！”红头拼命地叫起来。

“你在哪儿？”青头急忙问。

“我被牛吃了……正在它的嘴里……救命啊，救命啊！”

青头大吃一惊，它一下子蹦到牛身上，可是那头牛用尾巴轻轻一扫，青头就给摔到地上了。青头不顾身上的疼痛，一骨碌爬起来大声喊：“躲过它的牙齿，牛在这时候不会仔细嚼的，它会把你和草一起吞到肚子里去……”

“那我马上就会死掉。”红头哭起来。它和草已经一起进了牛的肚子。

红头意外地被大黄牛吃掉了，进而展开了一场不可思议的旅行，如此富有戏剧性的故事情节，着实出人意料。在朗读时，红头拼命地叫“救命”以及大哭起来喊着“那我马上就会死掉”的语句朗读者要进行夸张，适当地提高音量，加快语速，还可以用上颤声和泣声，表现出红头的惊恐与危在旦夕。另一方面，这样的表述，也从侧面反映出青头的沉着冷静，形成了鲜明的人物对比。

（四）灵活处理反复

反复是童话中常用的表现手法。在童话中，完全相同或基本相同的语句往往在童话的一定位置反复多次出现，成为结构童话的线索，刻画人物的性格，推动故事情节循环往复地向前发展。值得朗读者注意的是，故事中反复的语句是出现在不同的语境中的，同样一句话，朗读时应区别它们不同的语气和语调，而不能简单地重复。例如一年级下册《小壁虎借尾巴》：

小壁虎在墙角捉蚊子，一条蛇咬住了它的尾巴。小壁虎一挣，挣断尾巴逃走了。

没有尾巴多难看哪！小壁虎想：向谁去借一条尾巴呢？

小壁虎爬呀爬，爬到小河边。他看见小鱼摇着尾巴，在河里游来游去。小壁虎说：“小鱼姐姐，您把尾巴借给我行吗？”小鱼说：“不行啊，我要用尾巴拨水呢。”

小壁虎爬呀爬，爬到大树上。他看见老黄牛甩着尾巴，在树下吃草。小壁虎说：“牛伯伯，您把尾巴借给我行吗？”老牛说：“不行啊，我要用尾巴赶蝇子呢。”

小壁虎爬呀爬，爬到房檐下。他看见燕子摆着尾巴，在空中飞来飞去。小壁虎说：“燕子阿姨，您把尾巴借给我行吗？”燕子说：“不行啊，我要用尾巴掌握方向呢。”

小壁虎借不到尾巴，心里很难过。他爬呀爬，爬回家里找妈妈。

小壁虎把借尾巴的事告诉了妈妈。妈妈笑着说：“傻孩子，你转过身子看看。”小壁虎转身一看，高兴得叫了起来：“我长出一条新尾巴啦！”

在这则故事中，“小壁虎爬呀爬，爬到小河边。”“小壁虎爬呀爬，爬到大树上。”“小壁虎爬呀爬，爬到屋檐下。”，相同结构的句子，作为体现童话脉络，反复出现了三次，朗读时要把这三个句子中表示地点的词读成重音，以展现故事每一幕发生的特定环境；另外，“您的尾巴借给我行吗”也反复了三次，仔细体会揣摩这三个反复，我们可以体会到人物在说这三句话时的不同的情感和心理状态：第一次问话声音要明亮，语速较快，表现小壁虎焦急的心情；第二次问话，语速稍稍放慢些，说话的口吻要表现出小壁虎已经知道了借尾巴有一定的难度；第三次语调比之前还要低，略带一点试探的口吻，问话时已经不太自信了。

三、与经典童话面对面

运用上面的朗读方法，一起读一读下面的童话故事，开启奇幻的童话之旅：

《灰姑娘》《白雪公主》《木偶奇遇记》《爱丽丝漫游奇境》《卖火柴的小女孩》《豌豆上的公主》《三只小猪》《小红帽》《小王子》《拇指姑娘》《晴天有时下猪》《岩石上的小蝌蚪》《三只熊》《小姑娘和强盗》《大盗贼》《大盗霍金普洛兹》……

综上所述，带着一颗儿童的心，用儿童的视角，读童话，讲童话！读好童话之人一定是幸福的人，让童话故事在有声语言表达中越发有趣和有味！

第三节　诗歌朗读

自古以来，中国是诗歌的国度。诗词歌赋的优秀作品灿若繁星。一代又一代中国人都痴迷于诗词，而苏东坡所说的“腹有诗书气自华”，更是无数中国人所推崇、向往的境界。无论是古代诗词还是近现代诗歌，其中优秀的作品可谓语言艺术中最精致的部分，无论在思想内涵、情感意趣还是艺术技巧方面，都尽善尽美、精妙绝伦，吸引着一批又一批朗读爱好者吟咏诵读、咀嚼品味。目前，中小学主要接触的是古代诗歌和现代诗歌，下面就这两类诗歌的朗读与大家进行探讨和交流。

一、古代诗歌朗读

（一）入情入境，感受诗歌意境美

当朗读者拿到一首诗歌作品时，首先要准确判别这是哪一朝代、哪一流派的诗歌，接着了解作者的写作背景以及人生处境。古诗词作品因时代不同、流派不同，或者同一诗人处于人生的时期不同，其作品的风格都会不同。在朗读前对作品的准确把握，有利于更好地演绎作品。另外，一般而言，诗人在作品中一定会寄托自己的某种思想感情。经过对作品的仔细分析，朗读者就能进入诗歌意境，也就能准确把握好作品的情感基调，在朗读中传达出作品的神韵。例如，李白的《静夜诗》是一首思乡主题的诗歌，朗读时宜语速平缓，语调略微低沉，读出诗人思乡的情感；李白的《望天门山》《望庐山瀑布》就要以比较豪迈的语气朗读，体会祖国大好河山的壮丽，在朗读中表现出诗人的愉悦之情。

（二）划分节拍，把握诗歌节奏美

古诗有四言、五言、七言、七律等。古诗的节奏一般来说按表音节奏划分多，按表意节奏划分少。

①　四言一般为“二二”节奏，例如曹操的《观沧海》：

观　沧　海

东临/碣石，以观/沧海。
水何/澹澹，山岛/竦峙。
树木/丛生，百草/丰茂。

秋风/萧瑟，洪波/涌起。
日月/之行，若出/其中。
星汉/灿烂，若出/其里。
幸甚/至哉，歌以/咏志。

② 五言有“二二一”节奏，例如王维的《使至塞上》：

使至塞上

单车/欲问/边，属国/过居/延。
征蓬/出汉/塞，归雁/入胡/天。
大漠/孤烟/直，长河/落日/圆。
萧关/逢候/骑，都护/在燕/然。

也有“二二一”节奏，例如陶渊明的《归园田居·其三》：

归园田居·其三

种豆/南山/下，草盛/豆苗/稀。
晨兴/理荒/秽，带月/荷锄/归。
道狭/草木/长，夕露/沾我/衣。
衣沾/不足/惜，但使/愿无/违。

③ 七言有“二二三”节奏，例如杜牧的《泊秦淮》：

泊秦淮

烟笼/寒水/月笼沙，夜泊/秦淮/近酒家。
商女/不知/亡国恨，隔江/犹唱/后庭花。

另外，七言还有“二二一二”节奏，例如李商隐的《无题·相见时难别亦难》：

春蚕/到死/丝/方尽，蜡炬/成灰/泪/始干。

（三）聚焦韵脚，读出诗歌的音韵美

押韵是格律诗最重要的标志之一。一般情况下，在朗读时，韵脚不能含糊带过，要读得响亮并且稍长，读出诗歌的韵味。响亮，不仅仅是指音量的提高，更指清晰的咬字，这样有助于听者的注意。

二、现代诗歌朗读

（一）明晰背景，把握基调

拿到一首诗要进行朗读时，第一要务就是把握好作品的感情基调。可以从哪些方法入手把握基调呢？第一，可以从诗歌的标题入手，有的诗题带有“送、愁、喜、怀、颂”等字眼，从诗题便可略知感情基调。例如，余光中的《乡愁》，通过标题中的“愁”字就可以知道这首诗的感情基调。第二，深入了解作者创作诗歌的时代背景和个人经历。诗歌往往表达作者的志向或者情感，这就为我们把握诗歌基调提供了参考。第三，着眼于诗歌的题材，给诗歌归类，看看这首诗属于哪一类的诗歌。爱情诗、离别诗基调一般是缠绵悱恻的；歌颂祖国、抒怀咏志的诗一般是慷慨激昂等。

（二）感同身受，巧用技巧

当朗读者熟悉作品之后，要结合自身的成长经历和生活体验，展开想象，将自己和作者的思想感情融为一体，这样在朗读时才能以情带声，生动感人。

在朗读过程中，我们要学会灵活运用朗读技巧。要根据情感的需要，确立合适的语速：急剧变化的场面快读，平静严肃的场面慢读；紧张、焦急、慌乱、热烈、欢畅的心情快读，沉重、悲痛、缅怀、悼念、失望的心情慢读；辩论、争吵、急呼快读，闲聊、座谈慢读等。要根据内容、语境、情感的走向，划分诗句的停连：强调之处前后略作停顿，有对比关系之处应停顿，有并列关系之处应停顿等。在设计停连的过程中，要以思想感情的运动状态为前提，根据作品内容和具体语句安排停连，而且必须从“读”和“听”两方面考虑停连，以“读”为主导，还有重音的设计也需要考虑，为了强调某些内容或突出某种思想感情，那些在表情达意上起重要作用的词语，在朗读时要加以特别注意。

（三）做好标记，辅助朗读

上文提到了要巧用技巧，为了能更好地再现思考的过程，提升朗读水平，建议朗读者在作品分析时要做好朗读标记，用升调（↗）、降调（↘）、重音（.）、停顿号（|）等给诗歌做好各种标记，使思维可视化。我们应看中作品分析的过程。不同的读者由于生活经历和情感体验的不同，在技巧的使用上会有所不用。用符号标注出

来，能在反复朗读中揣摩感情是否到位，重音是否合理，停连是否贴切，一系列的技巧运用是否自然，是否将字里行间的情感立体化、生动化。

其实，诗歌朗读好了，散文朗读也不在话下，因为朗读方法都是互通的。马雅可夫斯基说："诗歌中的每一个字比作是从千百吨的矿石中挑选出来的。"诗歌短小精炼，每一个字都不容忽视，都有其存在的独特价值，作者赋予了它非同一般的情感，所以朗读者对诗歌作品一定要细致分析，处理好每一个字，才能表现出诗歌无限的魅力。

第四节　文言文朗读

《义务教育语文课程标准》指出，学生应"吸收古今中外优秀文化，提高思想文化修养，促进自身精神成长"。为落实课标要求，顺应社会发展，统编版义务教育语文教科书编写者已经将文言文的学习前置。例如，在三年级上册已经出现短篇文言文《司马光》，三年级下册出现《守株待兔》。据教材编写者介绍，选入文言文，目的在于培养学生的审美情趣，提升学生的文学素养。

文言文内容简洁，经常会有省略主语、宾语、谓语等情况，有倒装句、被动句等句式，和白话文有很大的区别。在小学阶段，朗读是学习文言文的重要方法。那么，文言文该如何朗读呢？

一、怎样朗读文言文?

(一) 读准字音

朗读者拿到一篇文言文，首先要把文章读正确，特别要注意字词语音的变化，文言文中很多字词是不能按照现代汉语语音来朗读的。文言文中有大量的通假字、破读字、古音字、生僻字等。朗读者要结合具体语境来具体分析，读准字音。所谓"破读"，指的是改变字音来表示词性和词义的变化。如，"陈胜王"中"王"，就不能读二声，要破读为四声，读wàng，词性为动词，意思是为王、称王的意思。还有一些通假字的读音也是这样，如"属予作文以记之"中"属"读zhǔ，同"嘱"，意思是嘱托、嘱咐的意思。另外，文言文中的虚词在句子中起顺承、转折等作用，因此文言文中的虚词都是轻读。

（二）读顺句子

这里说的读顺，指句子朗读有正确的停顿。这个停顿，不是指标点符号间的停顿或者句末的停顿，而是一个较长句子中间的停顿，或者需要强调的内容在朗读中的停顿。停顿的处理不同，句子的意思也会不同，所以朗读者在通读全文的基础上，要细细品味，反复斟酌，推敲长句子中哪一个词和哪一个词要一起读，或者不能连在一起读，才符合句意。例如，三年级上册《司马光》的断句：

群儿/戏于庭，一儿/登瓮，足跌/没/水中。众/皆弃去，光/持石/击瓮/破之，水迸，儿/得活。

停顿准确了，朗读者在内容理解上便不会产生歧义，自然也就理解了文意。

（三）读而不说

在欣赏文言文朗读作品时，听者有时会问：为什么有的词句有轻有重，有的语调上扬，有的音韵铿锵。这时朗读者往往会说："只可意会，不可言传。"因为只有反复朗读、反复推敲、仔细琢磨之后才能用心体会到这些变化的原因。但是有一点可以确定，朗读文言文和朗读白话文不一样，首先，词语的主次关系在朗读时不宜分得太清楚；其次，词语和词语之间或者字与字之间会有所延长，按照张颂老师的说法，就是"拓开语词"。比如，朗读时一些助词要适当地延长，"夫、也、焉、耳、乎"等都是常见的助词，在白话文中相当于"了、呢、吗"等意思，朗读时不能像朗读白话文那样处理，应适当延长音节。最后要注意文言文朗读的音韵美。比如范仲淹的《岳阳楼记》节选：

若夫霪雨霏霏，连月不开，阴风怒号，浊浪排空；日星隐曜，山岳潜形；商旅不行，樯倾楫摧；薄暮冥冥，虎啸猿啼。登斯楼也，则有去国怀乡，忧谗畏讥，满目萧然，感极而悲者矣！

至若春和景明，波澜不惊；上下天光，一碧万顷；沙鸥翔集，锦鳞游泳；岸芷汀兰，郁郁青青。而或长烟一空，皓月千里；浮光跃金，静影沉璧；渔歌互答，此乐何极！登斯楼也，则有心旷神怡，宠辱偕忘，把酒临风，其喜洋洋者矣！

文言文中很多语句对仗工整，音韵铿锵，朗朗上口，在朗读时也不能忽视，要把握古文的节奏，读出其中的音韵美。

（四）读出感情

朗读者要切身体会作者的处境，将作者要表达的情感通过有声语言准确地传达给听众。下面仍以《司马光》为例：

群儿/戏于庭，一儿/登瓮，足跌/没/水中。众/皆弃去，光/持石/击瓮/破之，水迸，儿/得活。

第一句“群儿戏于庭”，一群小朋友在庭院中嬉戏玩耍，这是一个快乐的场景，朗读者在朗读时也要融入快乐的元素。但是，在朗读“一儿登瓮，足跌没水中”时，情感、语速、语调都要发生变化。一位小朋友在爬上瓮玩耍时，一不小心跌入了装满水的瓮中，而且整个人都淹没在水中，情况非常紧急，在朗读时就要加快语速，读出意外和紧张之情。“众皆弃去”，其他小朋友都吓得逃跑了，这一句在朗读时更要读出着急的语气。就在这关键时刻，“光持石击瓮破之”，司马光拿起石头砸破了瓮，瓮中的水都流了出来，这一句也是此文的高潮处，要读出司马光的勇敢和机智。结果是“儿得活”，朗读时要放慢语速，让听者感到长舒了一口气，真是不幸中的万幸，小孩最终得救了！在朗读过程中，情感可谓是一波三折，朗读者要结合自己的生活体验，想象自己处于那样的环境中，这样才能更加自然地流露出作者的感情。

二、文言文朗读篇目推荐

低段	《蓑翁对韵》《声律启蒙》《学记》《增广贤文》《幼学琼林》 《菊》《荷》《日月星》《龟兔竞走》《芦花》《孔融让梨》《雨》《雪》
中段	《猫捕鱼》《猫斗》《狐假虎威》《盘古开天地》《南辕北辙》《惊弓之鸟》《共工触山》《鸦狐》《自相矛盾》《大禹治水》《豺烹羊》《推敲》《郑人买履》《鹏程万里》《守株待兔》
高段	《秋》《狐与葡萄》《杨氏之子》《晏子使楚》《舍本逐末》《大公无私》《鹿照水》《咏雪》《刻舟求剑》《愚人食盐》

书读百遍，其义自见。反复朗读，自古以来就是学习古文的主要途径。文字是一串串沉睡的符号，唯有朗读才能赋予他们生机与活力，也唯有在朗读中，才能近距离地感受中华文字的魅力，感受中华文化的博大精深。

第五节　说明文朗读

在小学语文教材中，说明文也占据了较大的比重，主要介绍自然、生物、科技等知识。说明文，顾名思义，就是以说明为主要表达方式来解说事物、阐明事理而给人以知识的文章，它通过对实体事物的解说或对抽象道理的阐释，使人们对事物的形态、构造、性质、种类等或对事理的概念、特点、来源、演变、异同等有所认识，从而获得有关的知识。

小学生通过学习说明文一方面能够了解自然、社会等日常生活中的科学知识，丰富课外知识，增长见识，另一方面，说明文的语言表达注重准确性、严密性和科学性，通过学习说明文进行语言文字训练，可以提升阅读理解、说明事物的能力。说明文的语言不像童话、寓言故事那么有趣，不像散文那么优美，不像古诗词那么有节奏，那么，该如何朗读说明文呢？

一、确定说明文的感情基调

朗读说明文能达到朗读正确、流利即可，不用像朗读记叙文、散文那样充满情感。因此，在朗读说明文时基调比较平实，一般以正常的说话语调，通过娓娓道来的方式和听众分享内容即可。例如，人教版义务教育语文教科书四年级上册《电脑住宅》主要介绍了一栋实验性综合电脑住宅的有关情况，说明电脑住宅给人们带来的快捷、方便、安全和舒适。

在某城市的中心，有一栋实验性的电脑住宅。这座住宅里安装了一百多台电脑，一切都由电脑指挥。

住宅的大门外有一根竖杆，上面安装着风向标。它同室内的电脑相连，将室外的温度、湿度、风力和风向等数据输入电脑。电脑根据这些气象资料，为主人提供一个既节能又舒适的家居环境。

要想进入住宅必须输入密码。门口还装有微型摄像机，能将客人的面貌特征输入电脑。如果电脑确认你是“未经登记”的陌生人，你即便知道密码也无法将大门打开。这时，只有主人下达“同意入内”的指令后，大门才会打开。

我们看到，文章都是一些讲述性、介绍性的文字，朗读者作为作者的代言人，朗读者要保持客观、严谨的态度，避免带有强烈的主观色彩，在表达时不夸张、不渲染，节奏舒缓从容。

二、读出说明文的层层逻辑

在朗读说明文时，首先要梳理文章的脉络和层次，注意内容之间的联系和照应。只有充分熟悉文本、了解文本之后，才能读出文本的层次和条理。仍以上文为例。

进入住宅，轻松悦耳的乐曲会立即播放。沿着门厅走进会客室，发现里面只有几件家具。原来，其他物品都分门别类地放在地下仓库的“集装箱”里。需要的时候，可以通过电脑，将相关的“集装箱”调运到指定的地方，以便取出或放回物品。

厨房在一楼，里面有一套教人做菜的电脑装置。电脑储存了中餐、西餐和日本菜等的烹调方法的资料。它能告诉人们如何备料、烹饪，还能示范如何操作和自动控制烹炒的火候。

卧室在二楼，床头有一个写着“休息”二字的开关。主人在睡觉前，只要按一下开关，整栋房子便进入“休息状态”。除走廊等处留有必要的灯光外，其他地方的灯全部熄灭。这时，没有关闭的窗户自行关闭。空调系统减弱风力，房子四周的防盗报警装置进入工作状态。这一切将持续到第二天早晨主人起床为止。

浴室的装置也受电脑指挥，人们可以“预约”洗澡时间。如果想一回家就能洗上热水澡，可以给家里的电脑发指令，告知使用浴室的时间，到时候浴缸里便会放满热水，做好洗浴的准备。

住宅里的所有电脑全部设在“暗处”，在室内见不到。它们各有各的职能，分工负责，同时又互相连接，以便对环境做出综合判断，为主人提供舒适的生活条件。

朗读者在朗读这几段文字时，要灵活应用重音、停连等技巧，把文章的内在逻辑通过有声语言传达出来。例如，以上选文先写住宅的外面，接着写进入住宅需要密码，进入住宅后先介绍客厅、厨房，再介绍二楼的卧室和浴室，朗读者要清晰、有条理地通过朗读，使得听众的思路跟随朗读者，在头脑中产生一幅幅画面。

总之，作品的题材不同，朗读的方法也就不同。朗读者既要把握各类文体在有声语言表达中的“共性”，也要自如地运用朗读技巧，灵活处理，彰显具体文本的“个性”。

第三辑

这样指导儿童朗读

不管是不是为时已晚，作为一名老师，我相信朗读的力量！朗读，至少不会成为一个普通的人。亲爱的家长和老师们，愿您也相信这份力量，一起和孩子尽情地朗读，一起创造更多意想不到的效果！

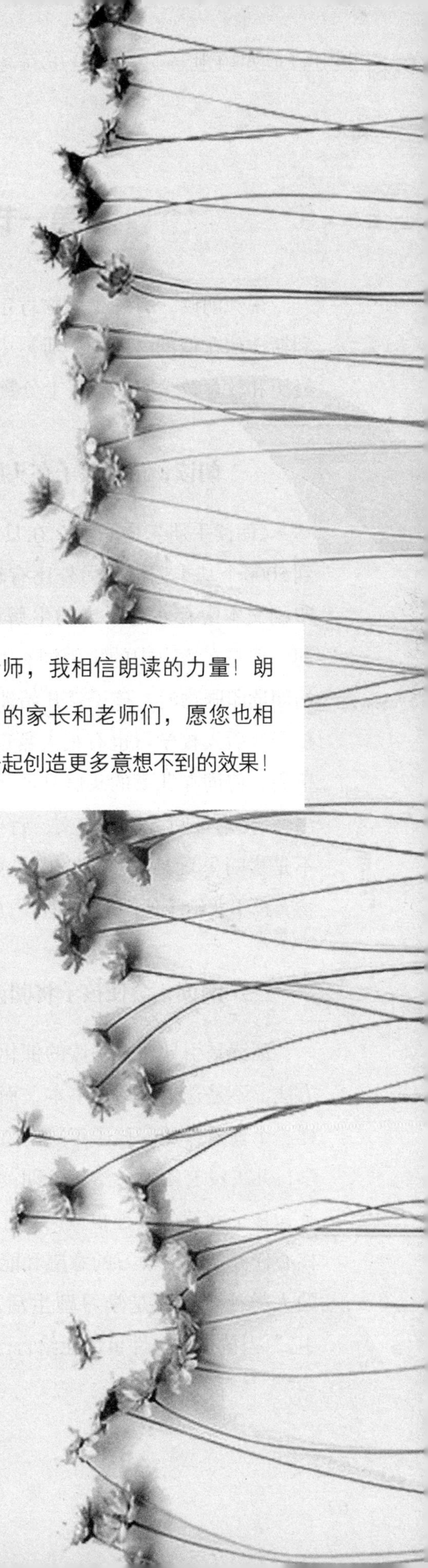

第一节　朗读是成长的安全带

说到朗读，有一个人物肯定是绕不开的，他就是美国“朗读之父”——吉姆·崔利斯。他在他的《朗读手册》中，列出了给孩子们朗读的原因，并且回顾了自身成长经历和教育教学实践。我十分赞同里面的几个观点。

一、朗读，帮助孩子在头脑中建立词汇的基础

《朗读手册》中写道：在日常生活交流中，无论是成年人还是小孩，日常只会用到5000个基本词语，另外还有较少使用的5000个词汇。一项研究调查数据显示，在印刷文本中存在着巨大的生僻词。大人对3岁的孩子说话时，每千字只有9个生僻词，但是在童书中的生僻词有其3倍之多，报纸的生僻词则高达7倍以上。所以当开始朗读印刷物时，孩子就开始涉及生僻词，这不仅能够弥补孩子词汇量的短缺，对于孩子今后入校学习也有很大帮助。苏霍姆林斯基说过：“要让词深入儿童的精神生活里去，使词在儿童的头脑和心灵里成为一种积极的力量。”语言学家张志公先生也指出：“无论是阅读还是作文，首要的是字词。”如其所言，造就孩子不同人生的因素并不是房间里玩具的多少，而是他们脑海中词汇的多少。我们给予孩子多么昂贵的礼物，都不及给予他们最“廉价”的东西——词汇。

二、朗读，会使孩子将阅读与愉悦联系在一起

朗读是引导孩子阅读的催化剂。无论是父母还是老师，让孩子爱上阅读的最好的方法，不是逼迫其阅读书本，而是通过朗读的方式教孩子“渴望”阅读这本书，有这样一个现象，随着孩子年龄的增长，孩子朗读的时间会越来越少，到了小学高段和中学，几乎没有家长会给孩子朗读。父母给孩子朗读，就像是给读书做广告，广告减少了，孩子阅读的兴趣也就减弱了。美国著名社会哲学家埃里克·霍夫曾说：“教育的核心任务是激发学习的意愿和能力，它创造的不是被动者，而是自主学习的人。真正的人类社会应该是学习型生活。在这样的社会中，祖父母、父母以及孩子同为学生。”当孩子做一件事情能给自己带来愉悦时，他会自觉地并且反复地去做。

三、朗读，培养孩子的专注力

培养孩子专注力不是一朝一夕的事情，孩子的专注力是通过一分钟一分钟、一页书一页书，在一次次朗读中坚持建立起来的。哈佛心理学家杰罗姆·卡根研究指出，家长朗读故事给孩子听，并且留意他们听故事时的反应，这对帮助孩子培养专注力特别有益。在朗读过程中，家长可以和孩子多一些互动，例如穿插一些猜一猜接下去的故事情节会怎么样发展、你怎么看待这样的行为等类似的小问题。我在给小朋友朗读故事的时候，有时在保留关键词汇的基础之上，还会调整一下人物对话内容，用更加亲近孩子们的语言为孩子们朗读。在这样的互动交流中，孩子不容易走神，能够集中注意力思考问题。

四、朗读，会让孩子区别于普通人

苏霍姆林斯基在《给教师的100条建议》中写道："学生学习越感到困难，他在脑力劳动中遇到的困难越多，他就越需要多阅读。不要靠补课，也不要靠没完没了的'拉一把'，而要靠阅读、阅读、再阅读——正是这一点在'学习困难的'学生的脑力劳动中起着决定性的作用。"所以，在美国，父母最佳的投资方式是花时间和精力去培养一个朗读者。这样，即使孩子放弃校园生活，但是他如果拥有朗读的习惯，那么他的一生也会区别于其他普通人。

有人请教美国一位著名的成功学家："如果我的事业失败了，我该怎么办？"他说："你阅读吧。""如果我失业了，怎么办？"他说："你要提升自己，你阅读吧。""如果我失恋了，该怎么办？"他还是说："你阅读吧。"可见，无论是失业还是失恋，当一个人处在最糟糕的状态时，阅读、朗读一定是最可靠的安全带。

除以上列举的几点，朗读给孩子成长带来的益处还有很多：掌握背景知识，会有更好的语音意识，提升阅读理解能力……

吉姆·崔利斯说："你或许拥有无限的财富，一箱箱的珠宝与一柜柜的黄金，但你永远不会比我富有，因为我有一位读书给我听的妈妈。"朗读就像安全带一样给孩子的成长保驾护航。有一位朗读给自己听的妈妈的孩子，他的成长一定也会更加幸福，他的人生之路会走得更远！

第二节　朗读，从娃娃抓起

在做“朗读吧”推广亲子朗读的过程中，有的家长经常有这样的疑问：“我的孩子已经四五年级了，我还有必要和他一起朗读吗?”“我的孩子才上幼儿园，他都不识字，我怎么和他一起朗读?”“什么时候给孩子朗读?”我的回答是：朗读，从娃娃抓起。从孩子出生的那一刻起，你就可以给孩子朗读。孩子一出生，你肯定用母语对着婴儿说话，甚至一个劲儿和他打招呼。既然你可以用母语对着婴儿说话，就可以朗读给他听，因为你使用的是同一种语言！

现如今，胎教很流行。宝宝还在妈妈肚子里的时候，父母就开始音乐胎教、英语胎教等各种熏陶，但很少能听到朗读胎教。美国诗人大卫·克尔狄恩有句名言：“我们小时候学会的东西都刻在了石头上，而长大后学会的东西却刻在了冰上。”意思就是说，小时候学会的知识、技能仿佛刻在石头上一样，印象很深刻，一辈子也抹不掉。著名的心理学家安东尼·狄卡斯伯和他的团队就给胎儿读书产生的影响展开研究，结果发现婴儿在胚胎时期就能对某种特定的声音感到熟悉，而且会将这些熟悉的语调与舒适感、安全感联系在一起。这一研究足以佐证：朗读，从娃娃抓起。

一次在阅读馆，我偶然间读到一则故事：卡索拉的父母在她只有4个月的时候开始给她朗读。卡索拉出生的时候身体很多器官有缺陷，还有痉挛、弱视等问题。在她3岁的时候，医生就给出建议，让卡索拉的父母将卡索拉送至儿童特殊机构进行教育。但是，这个建议被卡索拉的父母拒绝了。他们坚持每天给卡索拉朗读大量的书籍。后来，心理学家对卡索拉进行研究时发现，她的智能发展远远超过一般同龄孩子。可见，朗读是一剂良药！朗读是一种素养，而素养是可以慢慢培养的。尽早开始给孩子朗读，之后渐渐地和孩子一起朗读，孩子的语言能力一定会超出同龄人。

我在自身的教育教学经历中也发现了这样的现象：低年级特别是一二年级，有的小朋友连完整地表达一句话都有些困难，有的小朋友口语表达却非常流畅，语言条理清晰，交流没有丝毫阻碍。深入地研究后，你会发现，后面这些小朋友有着惊人的相似之处，他们日常都喜欢阅读，喜欢朗读。家长在家中营造了良好的阅读氛围，父亲或者母亲会坚持和孩子一起朗读。小甜是我朋友的女儿，今年秋季刚上小学一年级。一入学，她的口语交际能力在同龄小朋友中马上脱颖而出，在做题上也完全不需要老师读题，能自主独立完成。这很大程度上归功于我朋友天天给小甜朗读诗歌、报纸、绘本等。

所以，不必担心孩子已经长大，不必担心孩子年龄还太小，不必担心是否还来得及，更不必担心自己的普通话不标准。父母的陪伴阅读，是引领孩子跨越绘本、漫画，迈入文字书籍的“金钥匙”。家长的“朗读”，还有推荐、引导的作用。

陪伴是温暖的，它意味着这个世界上有人愿意把最美好的东西给你，那就是时间。只要你愿意和孩子一起朗读，你的孩子就一定有所收获。父母“帮忙念一点书”的时间，可以到孩子10岁左右；但父母和孩子一起“讨论书”的年龄，却可以无限延长。保持亲子朗读的习惯，哪怕有一天老得动不了了，父母和子女还是会有聊不完的新鲜话题。

最后，分享一则朗读小建议，老师、孩子和家长在朗读过程中不妨一起制作一张朗读记录表，可以记录已读或即将朗读的书目、一本书朗读的次数等。通过记录，见证走过的朗读历程，同时可以起到鞭策作用。原来，还有那么多有趣的、值得读的书本在等着我们；原来，我们还要在朗读的路上继续前行！

作为一名老师，我相信朗读的力量！亲爱的家长，愿您也相信这份力量，一起和孩子尽情地朗读，一起创造更多意想不到的效果吧！

第三节 儿童朗读的要领和禁忌

一、朗读的十大要领

●每天安排一段固定的时间进行朗读，让朗读成为一种习惯，成为生活的一部分。

●家长要以身作则，营造良好的家庭阅读氛围。

●随着年龄的增长，适当增加阅读一些有难度的书。

●鼓励低年龄段的孩子以朗读绘本、童谣和诗歌为主，激发和保持孩子的阅读兴趣。

●丰富“大人”的范畴，鼓励和“大人”一起读。

●家长在为孩子朗读时，注意语速，不宜过快。读到一些关键的情节时，可以适当提几个问题，让孩子思考和推测，增强互动性。

●在朗读过程中，有人物对话或者多个角色时，可以进行分角色表演朗读，增强朗读的趣味性，让孩子沉浸于故事之中。

●下载录音软件，建立私人电台，上传朗读音频，让更多的人听到自己读书的声音。

●亲子共读完一本书之后，父母要和孩子进行交流，对书中的某个时间、地点、情节、人物或者插图等展开讨论。

●建立朗读档案袋或者读书记录卡，见证读书的光荣岁月，挑战阅读更多的书籍。

二、朗读的十大禁忌

●读完一本书之后，千万不要给孩子考试。

●根据孩子自身注意力集中情况、阅读能力等，规定阅读时间，不宜过长或过短。

●朗读时千万不能选择一个懒散的坐姿，那样只会造成困倦。

●一本书千万不能只读一遍，提倡精读，反复阅读和朗读，探寻其中的奥秘。

●在和孩子交流过程中，切记敷衍和大吼大叫。家长要用眼睛看着孩子，耐心交流，真诚沟通。

●可以看各种各样的书，但不能什么书都给孩子朗读。孩子还小的时候，家长要提前阅读书籍，进行适当筛选之后再挑选合适的给孩子朗读。

●别硬逼孩子朗读一本他不喜欢的书，那样只会加剧他对读书的厌恶。

●在朗读时，对于文中一些无关紧要的词语或举止描写不宜过多的解释。

●家长千万不能把自己当成“老师”，不要通过朗读来教育孩子，阅读应该是一个身心愉悦的过程。

●减少朗读的功利性。千万不能将朗读当作提升成绩的一种方式，那样只会加重家长和孩子的心理负担。

第四节　朗读课程的创生

“朗读吧”课程纲要

课程类型：语言文字类

教学材料：朗读微课、自编教材《中国儿童的朗读手册》（朗读技能训练、朗读亲子体味、朗读品德涵养、朗读重温经典、朗读艺术鉴赏及朗读成果展示）。

授课时间：一学年，每周一课时

授课对象：一至六年级学生

一、课程背景

古人云:“读书百遍,其义自见。”朗读是文字与有声语言之间的一种转换,是开启阅读大门的一个关键点,对于儿童而言是一项非常重要的基本功。

我国宋代大理学家朱熹就主张:凡读书,需要读得字字响亮,不可误一字,不可牵强暗记;而且要“逐句玩味”“反复精详”“诵之宜舒缓不迫,字字分明”。教育家叶圣陶曾说:“设身处地,激昂处还他激昂,委婉处还他委婉……务必尽情地发挥作者当时的情感,美读得其法,不但了解当时作者说些什么,而且与作者当时的心灵沟通。”可见朗读的重要性。

《语文课程标准》指出:“各个学段的阅读教学都要重视朗读。”儿童通过声情并茂的朗读,把书面语言融情于声,将其变为富有感染力的口头语言。朗读不仅有效地培养儿童对语言文字细致入微的体味能力,以及确立口语表述最佳形式的自我鉴别能力,更为重要的是儿童通过朗读,可以增强文学艺术鉴赏能力,陶冶性情,开阔胸怀,文明言行。

为了充分发挥朗读在儿童成长中的独特价值,陶冶儿童性情,提升儿童朗读技能,让文字与最美妙的读书声相遇,特此研发朗读课程。

二、课程目标

(一)总目标

1.通过朗读,感受语言文字的魅力,感受生活中无法体验到的大千世界和美妙情感,从而激发阅读的兴趣,积极养成朗读的习惯。

2.了解停连、重音、节奏等朗读技巧,提高朗读水平,增强对文学作品的理解力、感悟力和表现力。

3.通过朗读优秀的文学作品,培养儿童审美鉴赏能力,启迪儿童智慧,润泽心灵,获得文学滋养、美学浸染和道德引领,从而提升儿童的综合素养。

(二)阶段目标

低段(1—2年级)

1.初步养成“日日朗读”的习惯,让儿童发自内心地喜欢上朗读。

2.朗读时要有自信,态度自然大方。

3.易难、易错发音学习,学习用普通话正确、流利、有感情地朗读诗文。

4.朗读儿歌、儿童诗和浅近的古诗,展开想象,获得初步的情感体验,感受语言的优美。

中段（3—4年级）

1.初步领会朗读的意义和价值。

2.具有浓厚的朗读兴趣，养成主动朗读的好习惯，能坚持每天朗读。

3.朗读的气、声、字训练，初步了解并尝试重音、停顿等简单的朗读技巧。

4.朗读优秀诗文，注意在朗读过程中体验情感，展开想象，领悟诗文大意。

高段（5—6年级）

1.养成主动朗读的好习惯，能坚持每天朗读，感受作品及朗读带来的快乐。

2.掌握并应用停连、重音、语气、语调、节奏、语速等朗读技巧，从“刻意雕琢”阶段到“回归自然”阶段。

3.学会运用恰当的体态语，增强朗读效果。

4.能为作品选择合适的配乐，具有朗读鉴赏能力。

三、课程内容

（一）课时计划

每学期按照14周计算，一周一次课，一至六年级每学期14课时。依据儿童的认知和心理发展特点，“朗读吧”课程内容主要分为朗读技能训练、朗读亲子体味、朗读品德涵养、朗读重温经典、朗读艺术鉴赏及朗读成果展示六大板块，不同的年级在不同版块上的课时量有所差异。具体安排如下表：

年级	周平均课时	学期平均课时	朗读技能训练	朗读亲子体味	朗读品德涵养	朗读重温经典	朗读艺术鉴赏	朗读成果展示
一年级上学期	1	14	4	2	3	3	0	2
一年级下学期	1	14	4	2	3	3	0	2
二年级上学期	1	14	4	2	3	2	1	2
二年级下学期	1	14	4	2	3	2	1	2
三年级上学期	1	14	4	1	3	2	2	2
三年级下学期	1	14	4	1	3	2	2	2

四年级上学期	1	14	3	2	2	3	2	2
四年级下学期	1	14	3	2	2	3	2	2
五年级上学期	1	14	3	2	2	1	4	2
五年级下学期	1	14	3	2	2	1	4	2
六年级上学期	1	14	3	3	1	2	3	2
六年级下学期	1	14	3	3	1	2	3	2
总计	12	168	42	24	28	26	24	24

（二）内容安排

将朗读课纳入每周的社团课，由专业教师进行授课。不同的版块在不同的年段所占的课时比重有所不同。比如“朗读艺术鉴赏”课程版块按欣赏名家朗读、探索文字韵律、寻找最美配乐等维度安排内容，“朗读技能训练”课程版块在课时量上占主导，不同的年段教授不同的朗读技巧。如低段重点宜放在难发音、易错发音的学习，培养学生朗读时有自信，态度自然大方；中段主要训练朗读时的气息、共鸣等，初步了解并尝试运用重音、停顿等简单的朗读技巧进行朗读；高段掌握并应用停连、重音、语气、语调、节奏、语速等朗读技巧，从“刻意雕琢”阶段到“回归自然”阶段，并且能够进行朗读欣赏、朗读配乐等活动。

四、课程保障

（一）时间保障

1. 校内朗读时间：以上内容均在社团课上实施，一个学期14课时，由专业老师进行授课。

2. 校外朗读时间：倡导儿童每天进行朗读。每学期举行“朗读嘉年华”活动，搭建更多展示的平台。寒暑假开展亲子朗读活动，在“陆老师的日记”公众号上推荐朗读篇目，并在公众号上发布学生的朗读作品、朗读感言等。

（二）课程资源

1.朗读课程系列“微课”。

“朗读吧”课程系列微课共20节，在“陆老师的日记”的公众平台上自由观看，同时课堂教学中使用，跨越时空的局限，随时随地教会儿童朗读技巧。

2.朗读课程指导手册。

“朗读吧”课程推荐了大量的必读篇目，这些作品大都是从艾青、冰心、金子美铃等名家经典作品中选取。灵动的文字，传神的表达，经受历史的洗礼，岁月的涤荡，穿越时空的限制，依然脍炙人口，深入人心。另外在整理必读篇目时，按照低段、中段、高段进行归类，以便师生、家长挑选使用。考虑到不同儿童的不同朗读喜好，以及篇目的多样性，推荐篇目会每年修订。

（三）教学建议

“朗读吧”课程应立足儿童立场，从儿童视角出发，不断激发学生的朗读兴趣，努力让朗读成为儿童的日常习惯，让越来越多的儿童爱上朗读、陶醉于朗读。因此，“朗读吧”课程以趣味性为前提，着力以技能训练为抓手，充分调动学生的自主性、能动性，通过自主学习与教师指导相结合的方式，让儿童习得朗读技巧，提升朗读能力。最后，通过系列活动展现儿童朗读风采，增强儿童朗读自信。

1.趣味性与知识性相统一。在朗读教学过程中，教师要不断激发学生的朗读兴趣，为学生搭建更多的展示舞台，让学生体验到朗读的快乐和成就感，并且强化学生的这种体验。另外，教师在教授朗读技巧时，要结合儿童心理特点，用儿童喜闻乐见的方式进行教学，使之在潜移默化中习得朗读技巧。

2.自主性与指导性相结合。在朗读教学中，教师要充分发挥学生的主观能动性，让学生借助微课等手段习得技能。但是，低段儿童由于学习能力有限，需要教师适当进行点拨。另外，儿童在朗读时教师要实时进行点评和有针对性的辅导。教师在必要的时候加强示范，可以让学生尽快掌握正确的技能。

3.开放性与活动性相配合。朗读时间和场所没有限定，儿童既可以在班级、学校也可以在家里等地方进行朗读，形成良好的朗读氛围。朗读的内容既可以是推荐的篇目，也可以是儿童创作的内容等。朗读的人员不仅仅是儿童自身，鼓励儿童和家长一起朗读，享受亲子朗读的曼妙时光。此外，教师要积极创建各级各类展示平台，如班级朗读会等，形成奖励机制，鼓励更多的儿童加入到朗读的队伍中来；在学校层面，可以开展朗读节等活动，形成浓郁的朗读氛围，让儿童在活动中享受朗读的乐趣。

五、课程评价

“朗读吧”课程评价的目的是为了鼓励儿童持续朗读，让朗读成为一种习惯；同时，激励儿童提高朗读水平。本课程在评价方式上宜以展示性评价和过程性评价为主，发挥评价的激励性作品。通过丰富评价主体，以学生自评、生生互评、家校共评相结合的方式，全面落实课程目标，促进儿童全面发展。具体做法如下：

（一）以展示性评价为导向，充分发挥评价的激励作用

“朗读吧”课程的推出，其最终目的在于充分发挥朗读在儿童成长中的独特价值，陶冶儿童性情，提升儿童朗读技能，让文字与最美妙的读书声相遇。因此，本课程多采用展示性评价的方式，利用校园、社区等资源搭建多样化的舞台，让更多的儿童展示自己的朗读。比如，每一学期举办“我是朗读者”朗读比赛，分为教师评分、儿童互评和家长投票三部分。教师评分是执教者对学生发音、仪态、神情以及其他各项标准进行打分，同时观众以“投票”的形式，得出最后的成绩。

通过学习评价，促进学生自主学习的能力，培养学生良好的学习习惯，激发学生对朗读的兴趣，为奠定学校特色项目打好基础。

（二）以过程性评价为基础，彰显评价主体的多元与互动

1.创建朗读电台。

每一次学习新的朗读技巧之后，儿童都要进行侧重性的练习，可以通过“喜马拉雅”等软件创立私人电台，上传朗读作品。这时，教师、其他儿童、家长以及更多的收听者能收听并且对朗读者的朗读进行评价。最后儿童之间可以相互比一比，谁的电台粉丝量最高，还可以参与“十大朗读者”的评比。

2.朗读档案袋。

将儿童每一次朗读表现、儿童自身记录的朗读感悟、朗读打卡卡片等收入档案袋中，记录儿童朗读水平的变化，并以此作为儿童获得朗读奖章、朗读之星等评选的依据。

3.评价主体多元化。

在评价过程中，应注意将教师的评价、儿童自我的评价、儿童之间的评价以及家长的评价相结合，加强儿童的自我评价和相互评价，促进儿童主动学习朗读，自我反思。评价要充分理解和尊重学生的自我评价和相互评价，尊重儿童的个体差异，这样才利于学生的健康发展和“朗读吧”课程的持续发展。

第五节　和孩子一起上朗读课

课程类型：朗读技能训练课例

试用年级：五年级

【教学目标】

1.在具体情境中理解和体会重音的作用。

2.通过小组合作、自主探究的形式了解重音的类型。

3.掌握常见的重音朗读技巧。

【教学重点】通过小组合作、自主探究的形式了解重音的类型。

【教学难点】掌握常见重音朗读技巧。

【课时安排】共3课时。

【教学过程】

第一课时

一、激发兴趣，导入新课

1.同学们，一般情况下，问题不一样，答案会一样吗？接下来我们一起合作，玩一个游戏，老师提问不一样的问题，可是你们都能用同一句话来回答我的问题。不信？我们一起来试一试。

提问：谁去过西湖？回答：我去过西湖。

提问：你去过西湖？回答：我去过西湖。

提问：你去过哪里？回答：我去过西湖。

2.媒体出示三个句子，接下来就请同桌之间一边问答一边说一说有什么发现。

我去过西湖。(提问：谁去过西湖？)

我去过西湖。(提问：你去过西湖？)

我去过西湖。(提问：你去过哪里？)

3.教师板书：重音。同学们，看到“重音”二字，你有什么疑问或者想说什么？学生之间相互交流。

二、走进“重音”，了解“重音”

（一）认识重音

1.同学们都非常会思考，提的问题也很有价值，我们先来了解一下，什么是重音。

课件出示：重音是指为了强调某些内容或突出某种思想感情，在表情达意上起重要作用、在朗读时要特别强调的字、词或短语。

（1）邀请学生读一读，交流自己的理解。

（2）教师讲解。

2.认识重音的符号。重音的符号是哪一个呢？请同学们做出你的选择。

媒体出示：

下列哪些符号是重音符号？ A. ... B. 。。。 C. ___ D. 【 】

出示正解：A和B。“...”表示重音，“。。。”表示次重音，都标在文字下方。

（二）重音的类型

过渡：同学们，现在我们知道了“重音”的作用，那“重音”有哪些类型呢？

媒体出示：一、语法重音。根据句子语法结构，对某个句子成分读得比较重的现象。语法重音的位置比较固定，常见的规律是：谓语、状语、补语、定语常重读。

1.谓语重音：春天来了！我们看到了她，我们听到了她，我们闻到了她，我们触到了她。（二年级下册《找春天》）

（1）学生圈出句子中的谓语动词，并尝试带着感受朗读。

（2）邀请学生朗读，并请学生说一说对句子的理解和这样读的原因。

（3）教师示范朗读，学生对比评价。

（4）根据任务单进行小组合作，练习巩固以下两个句子：

任务单： 1.圈出句子中的谓语动词； 2.自己练习朗读； 3.小组成员之间朗读，互相评价。

风停了，雨住了，太阳出来了。（《七彩桥》）

他穿着草鞋，戴着斗笠，挑起粮食，跟大家一块儿爬山。（二年级上册《朱德的扁担》）

2.状语重音：当小雨滴汇聚起来，他们便一起唱着歌：小溪淙淙地流向河流，河流潺潺地流向大海，大海哗啦啦地汹涌澎湃。（三年级上册《大自然的声音》）

（1）学生圈出句子中的状语，并尝试朗读。

（2）男女生对比读，学生评价，教师补充说明。

3.补语重音：他的毛灰灰的，嘴巴大大的，身子瘦瘦的，大家都叫他“丑小鸭”。（安徒生《丑小鸭》）

4.定语重音：有金黄的稻子，雪白的棉花，还有一大片一大片|绿油油的菜地。（二年级上册《画家乡》）

5.疑问代词和指示代词重音：

我想知道云儿哪里去了？
我想知道风儿在说什么？
我想知道天上为什么下雨？
我想知道鸟儿怎样飞回？
我想知道花儿怎样生长，
才使世界有这么多的颜色？（伊丽莎白《云儿哪里去了》）

学生练习，教师示范朗读。

三、练习巩固，总结提升

1.编一编小口诀：

强调内容和情感，朗读就需要加强。
重音类型有很多，语法重音首先说。
谓语状语和补语，还有疑问指示词。
重音不同意不同，读好重音需谨记。

2.回顾课堂，学生之间谈一谈这节课的收获。

四、作业练习，拓展延伸

1.阅读下列诗歌，任选一首用规范的重音符号在恰当的地方标上重音，然后按照自己的设计反复朗读。

2.和爸爸妈妈一起朗读。

（一）月光

海　子

今夜美丽的月光　你看多好！
照着月光
饮水和盐的马
和声音

今夜美丽的月光　你看多美丽
羊群中　生命和死亡宁静的声音
我在倾听！

这是一支大地和水的歌谣　月光！
不要说　你是灯中之灯　月光！
不要说心中有一个地方
那是我一直不敢梦见的地方
不要问　桃子对桃花的珍藏
不要问　打麦大地 处女 桂花和村镇

今夜美丽的月光　你看多好！
不要说死亡的烛光何须倾倒
生命依然生长在忧愁的河水上
月光照着月光　月光普照
今夜美丽的月光合在一起流淌

（二）我是一条小河

冯　至

我是一条小河，
我无心由你的身边绕过——
你无心把你彩霞般的影儿
投入了我软软的柔波。

我流过一座森林——
柔波便荡荡地
把那些碧翠的叶影儿
裁剪成你的裙裳。

我流过一座花丛——
柔波便粼粼地
把那些凄艳的花影儿
编织成你的花冠。

无奈呀，我终于流入了，
流入那无情的大海——
海上的风又厉，浪又狂，
吹折了花冠，击碎了裙裳！

我也随着海潮漂漾，
漂漾到无边的地方——
你那彩霞般的影儿
竟也同幻散了的彩霞一样！

第二课时

一、复习导入，温故知新

1.说一说重音的类型，回顾小口诀。

2.媒体出示下列句子，说一说句子中哪些内容朗读需要读重音。

（1）如果把眼前的一池荷花看作一大幅活的画，那画家的本领可真了不起。

（2）最令人开心的是下雨天，越是倾盆大雨我越高兴，因为那时我便有充足的理由在书店待下去。

（3）阳光照在窗外的枣树上，我看见，满树的枣子还映出红色，于是狂欢了：这真是非同小可的事！实在，像一年只有一天的登高，真需要晴天！

二、继续学习重音的类型

过渡：上节课，我们学习了重音类型中的语法重音，主要是谓语重音、状语重音、补语重音、定语重音、疑问代词和指示代词重音。这节课我们学习新的重音类型——强调重音。

媒体出示：二、强调重音：强调重音指的是为了表示某种特殊的感情或强调某种特殊意义，而故意说得重一些的音，目的在于引起听者注意所要强调的某个部分。

1. 媒体出示含有并列、对比、呼应、递进、转折、夸张、比喻等不同逻辑关系或修辞手法的句子。

有的人活着，他已经死了；有的人死了，他还活着。（臧克家《有的人》）

过了好一会儿，我才记起来我不是荷花，我是在看荷花呢。（三年级下册《荷花》）

天上的云从西边一直烧到东边，红彤彤的，好像天空着了火。（三年级下册《火烧云》）

他躲在城市的上空，说道："现在，我该把谁藏起来呢？"看来，再也没有可藏的了。（二年级上册《雾在哪里》）

贼蹲在屋顶上想："走南闯北我什么都听说过，就是没听说过'漏'，莫非'漏'比我厉害？"（三年级下册《漏》）

（1）学生小组合作，用正确的重音符号做好重音标记。

（2）随机交流，全班分享、确认重音的部分，并简单说一说原因。

（3）自主练习，读好重音，全班交流分享。

2. 突出重点语意：重音的地方不同，表达的意思则不同。

我去过西湖。（提问：谁去过西湖？）

我去过西湖。（提问：你去过西湖？）

我去过西湖。（提问：你去过哪里？）

我知道你会这样做的。（别人不知道）

我知道你会这样做的。（不要以为我不知道）

我知道你会这样做的。（别人不会）

我知道你会这样做的。（你怎么说自己不会）

我知道你会这样做的。（你不会那样）

我知道你会这样做的。（不仅仅是说说而已）

3. 渲染情感，增加语言的感染力。

例如：多么可爱的草地！多么有趣的蒲公英！从那时起，蒲公英成了我们最爱的一种花。它和我们一起睡觉，和我们一起起床。（三年级上册《金色的草地》）

三、拓展延伸，总结提升

1. 课外寻找句子，小组共同练习，体会同一个句子因重音不同，句子的意思也不同。

2. 邀请同学全班展示交流，共同感受重音的不同会引起语意不同。

第三课时

一、复习导入，温故知新

填一填：

1. 这是一种根据句子语法结构，对某个句子成分读得比较重的现象。位置比较固定，常见的规律是：谓语、状语、补语、定语常重读。这种重音叫作（　　）。

（答案：语法重音）

2. 为了表示某种特殊的感情或强调某种特殊意义，而故意说得重一些的音，目的在引起听者注意所要强调的某个部分，这种重音叫作（　　）。

（答案：强调重音）

二、怎么样读好重音

过渡：重音既可以按照句子的语法结构确定，也可以按照内容确定。明确了这些，那么我们该怎样读好重音呢？

1. 重音重读：加强音量，加重语气。

（1）媒体出示句子：

闪电越来越亮，雷声越来越响。

哗，哗，哗，雨下起来了。雨下起来了。（二年级下册《雷雨》）

这是一沟绝望的死水，清风吹不起半点漪沦。不如多扔些破铜烂铁，爽性泼你的剩菜残羹。（闻一多《死水》）

（2）邀请学生用重音符号标出重音部分。

（3）小组成员交流确定重音的原因，全班分享。

（4）自主练习朗读，教师点评指导。

2.重音轻读：降低音量，减弱气息。

（1）媒体出示句子：

春天像个害羞的小姑娘，遮遮掩掩，躲躲藏藏。（二年级下册《找春天》）

秋天的雨，是一把钥匙。它带着清凉和温柔，轻轻地，轻轻地，趁你没留意，把秋天的大门打开了。（三年级上册《秋天的雨》）

小草偷偷地从土里钻出来，嫩嫩的，绿绿的。

风，轻悄悄的；草，软绵绵的。（朱自清《春》）

池塘里有一群小蝌蚪，大大的脑袋，黑灰色的身子，甩着长长的尾巴，快活地游来游去。（二年级上册《小蝌蚪找妈妈》）

（2）邀请学生用重音符号标出重音部分，全班交流分享。

（3）同桌、男女生对比重音轻读和重音重读，感受轻读和重读的区别。

（4）自主练习朗读，教师点评指导。

3.重音慢读：放慢语速，适当拖腔。

（1）媒体出示句子：

我从前胆子很小很小，天一黑就不敢往外瞧。（一年级下册《夜色》）

富饶的西沙群岛，是我们祖祖辈辈生活的地方。随着祖国建设事业的发展，可爱的西沙群岛，必将变得更加美丽，更加富饶。（三年级上册《富饶的西沙群岛》）

一阵台风袭过，一只孤单的小鸟无家可归，落到被卷到洋里的木板上，乘流而下，姗姗而来，近了，近了……（普通话水平测试朗读作品《可爱的小鸟》）

（2）请学生用重音符号标出重音部分，全班交流分享。

（3）自主练习重音慢读，放慢语速，适当拖腔。教师点评指导。

三、拓展延伸，总结提升

（1）课外收集重音慢读、重音轻读、重音重读的句子。

（2）用重音符号做好标记，反复朗读，加深体会。

（3）邀请同学全班展示交流。

【教学札记】

每一篇文学作品，一般都有鲜明的主题和写作目的，落实到每一句话中也是。重音是表达语句主题的有效方式。对于朗读技巧中重音的理解，绝不能望文生义，有些文字并不是字面意思那么简单。

另外，以上列举的重音类型——语法重音和强调重音，并不是孤立的，而是相辅相成的。朗读者要反复诵读语言材料，仔细分析语句的实质，结合作者的创作背景，联系上下文具体语境，明确语句要表达的主题。确定重音的位置。朗读者要结合具体的语言材料，紧跟作品的情感走向，灵活掌握语句重音。同样的技法，不同的朗读者使用，朗读出的感觉也会各有不同，因此，只有在实践中不断探索，掌握重音技巧，才能使朗读更加富有艺术鉴赏性。

著名朗读学教授张颂老师把重音的位置分为十种情况，分别是并列性重音、对比性重音、呼应性重音、递进性重音、转折性重音、强调性重音、比喻性重音、拟声性重音、肯定性重音和反义性重音，具体的内容在《朗读学》一书中有具体的阐述。

课程类型：朗读艺术鉴赏课例

试用年级：二年级

【教学目标】

1.观看名家朗读文学作品视频。

2.初步了解和感知朗读的要求。

【教学重点】观看名家朗读文学作品视频。

【教学难点】初步了解和感知朗读的要求。

【课时安排】共1课时

【教学过程】

一、欣赏名家朗读作品，激发学生朗读兴趣

媒体播放朗读视频：

1.《绝句》《三衢道中》《惠崇春江晚景》

2.《总也到不了的老屋》

3.《大自然的声音》

二、交流朗读基本要求，感受朗读的艺术美

1.学生四人小组，合作交流朗读的基本要求。

2.学生分享，教师相机明确和补充。

（1）吐字准确、有力、清晰、流畅。

朗诵者要想让听众听明白，容易接受，就一定要做到语音标准，符合普通话的要求，符合规范，不读错别字；还要做到吐字干净利落、清晰有力、自然流畅，不能含糊不清、结结巴巴。

（2）声音洪亮、圆润、朴实、明朗。

朗诵是声音的艺术，声音的好坏，与朗诵效果关系极大。圆润悦耳的声音能愉悦听众，嘶哑、刺耳的声音会刺激听众，引起听众的反感。因此，一定要注意声音的训练，要让自己的声音好听、好用、富有表现力。与此同时，朗诵应让人感到亲切、自然，所以声音方面在做到洪亮、圆润的同时，还要朴实，不能太夸张。

（3）节奏分明、适度、变化、有序。

朗诵语言的节奏，即轻重缓急、抑扬顿挫。朗诵语言应该是有起伏的。随着作品内容和朗诵者的感情变化，节奏起伏会有所不同。但朗诵中的这种节奏对比和表演中的节奏对比则不同，它较为接近自然状态的自然节奏。

（4）表达恰切、充分、生动、自如。

（5）表达要准确，从宏观的把握到微观的处理，从整体的态度、情感到具体的停顿、重音、语气、节奏，都应当是准确的。要充分地表现作品的思想内容和精神实质，要形象生动、亲切自如。

（6）表情自然、得体、适度、大方。

（7）这里的表情指的是体态表情，包括面部表情、手势和身体动作。朗读时面部表情需要，手势动作也需要。朗读虽然带有表演的成分，但毕竟不同于表演，所以面部表情和手势动作一定要适度、得体，符合作品的要求，切不可过多、过滥。动作、表情还要自然、大方，不可装腔作势、生硬做作。

三、诵读自编朗读儿歌，朗读要求牢记心间

1.媒体出示朗读小儿歌：

吐字准确声音亮，清晰干净要流畅。

节奏分明有抑扬，表达生动并恰当。

2.用拍手读、男女生对读等多种形式朗读，牢记于心。

课程类型：朗读艺术鉴赏课例

试用年级：四年级

【教学目标】

1.欣赏优秀名家朗读作品，感受配乐的魅力。

2.能根据文学作品选择恰当的配乐进行朗读。

【教学重点】欣赏优秀名家朗读作品，感受配乐的魅力。

【教学难点】能根据文学作品选择恰当的配乐进行朗读。

【课时安排】共1课时

【教学过程】

一、激发兴趣，导入新课

1.教师分别播放一段配乐诗朗读作品和一段没有配乐的朗读作品，让学生细心感受其不同。

2.邀请学生分享感受。

二、欣赏朗读作品，感受配乐的魅力

1.媒体播放名家配乐朗读作品：《将进酒》《富饶的西沙群岛》《祖国啊，我亲爱的祖国》《桂林山水》《陶罐和铁罐》。

2.用音乐辅助朗读，在周朝就已有书记载。“以乐语教国子，兴，道，讽，诵，言，语。”而《庄子》中有“倚树而吟”之句。运用音律来辅助朗读，流传古今。邀请学生说一说配乐的好处，教师补充和总结。

（1）层次突出，节奏分明。

朱光潜先生在《诗论》里有一段精辟的论述，他说：“诗歌、音乐、舞蹈是同源的，而且在最初是一种三位一体的混合艺术。他们的共同命脉是节奏。”在朗读时，配乐可以帮你找到朗读的节奏，让你的朗读体现出韵律之美。

（2）渲染气氛，抒发情感。

音乐在抒情方面极其具有感染力，音乐学家柯克在《音乐语言》一书中曾讲道：“事实上，音乐是包含着音乐以外的，正如诗歌包含着文学以外的。”这之外的东西便是情感。朗读者声情并茂的表达，再加上合适的配乐，才可称得上能够动人心扉、扣人心弦的朗读艺术。

（3）营造意境，深化主题。

当我们在朗读的时候，我们会追求三种境界：物境、情境、意境，而配乐作为语言的一种渲染，就是营造意境的绝佳神器。恰当的配乐能使朗读产生鲜明的效果。

三、配乐该怎么样选择

1.媒体出示两段文字，学生自由朗读。

（1）当微风拂过，那声音轻轻柔柔的，好像呢喃细语，让人感受到大自然的温柔。

（2）当狂风吹起，整座森林都激动起来，合奏出一首雄壮的乐曲，那声音充满力量，令人感受到大自然的威力。

2.媒体播放两段音乐，请学生将音乐和文字进行匹配，并说明原因。

3.四人小组交流：选择配乐时该注意什么？

【教学札记】

朗读时要以读为主，配乐是辅助，切记不可喧宾夺主。那么，该如何选择恰当的配乐呢？我认为，配乐的选择要有一定的技巧，并且遵循相应的原则。

1.朗诵配乐的基调要与朗读主题一致。朗读者在充分熟悉作品内容，正确理解作品的主题和感情基调，准确把握作品的节奏之后，选择与文学作品格调相同的配乐。朗诵作品有抒情的、热情的、豪迈的，也有低沉的、忧伤的。那么，所选择的配乐也应该属同类型，切不可将忧伤、抒情的内容配以欢快、活泼的音乐，那样不仅起不到应有的作用，反而会破坏整个朗读的情绪。

2.朗读配乐的长度应该与朗读内容一致。朗读作品长短不一，朗读时间有的只有几十秒钟，有的长达十多分钟，如果选择的朗读配乐长度不够，朗读还没结束，配乐就没了，那么朗读的效果就会大打折扣。同样，如果配乐过长，朗读都结束了，配乐还在播放，这样效果也不好。朗读者可以将音乐进行适当的剪辑；选择配乐时，可以用一首曲子贯穿始终，也可以用几首曲子剪辑而成，但是要注意乐曲之间的自然衔接。

3.配乐的灵活添加与应用。在寻找乐曲的过程中，有的配乐与文学作品匹配得“天衣无缝”，几乎是“量身定做”；可是有的文学作品却难以找到一首心仪的乐曲。其实，不妨运用音乐的“留白”，这也是一种高明的艺术手段，当朗读达到高潮时，音乐戛然而止，留给听者一定的思考时间和回味时间，更有“此时无声胜有声”的效果。

【学生感言】

每周四，我都会上朗读课，学习如何朗读。

以前，我觉得朗读很简单，不就是读课文嘛！可是参加了“朗读吧”，我才发现朗读并不是我想象中的那么简单。一串串文字从同学们的嘴里读出来，就像是一个个生命力旺盛的小精灵，蹦蹦跳跳，充满感情，直达我们的心灵。我既羡慕他们又佩服他们，觉得他们非常厉害！每一次朗读课上，我都认真地听其他同学如何朗读作品，回到家后和妈妈一起讨论，尝试着自己朗读。

朗读前，我们要了解作品的创作背景，有的时候还要了解作者的人生经历，这样，才能明白作品中描述的事物和作者赋予作品的独特感情。朗读时，断句、重音这些都很重要，不同的断句和重音，会造成不同的情感表达。另外录音时，嘴巴离话筒不能太近，也不能太远。太近会有气音，太远效果可能不好。朗读完，我会再找一段优美的曲子，自己朗读的声音为音乐配上，别提多好听了！

我热爱朗读，朗读使我快乐。一串串文字充满着魔力，把我牢牢地吸引住了。我想通过声音，让文字变得更优美，更动听！

——“朗读吧”成员　叶雨彤

【家长感言】

朗读的旅程

去年的时候，陆老师给了简闻和我一次母子合作的机会——选择一篇作品共同朗读，然后在“朗读吧”的专题上推出。那时简闻读二年级，虽然从他学龄前开始亲子阅读我们就一直在坚持，但是亲子共同朗读并录音，那还是第一次。最终我和简闻选定了白冰的儿童诗《写给云》进行朗读。

简闻喜欢它的短小和童趣，我则喜欢它对少年“你愿意做什么就去做什么”的自由和包容。我们依偎在一起，一句一句地推敲练习，做好各自朗读诗句的分工，然后选择背景音乐、录音、上传。我开心地对简闻说：“妈妈希望你也能像自由的云一样快乐长大。”

这样的亲子时光显得格外温馨和珍贵。听着简闻仍显稚嫩的童声，我感慨，一眨眼孩子就这么大了。记不起是从什么时候开始给简闻读书的了，从一开始他还是个婴儿的时候安静地躺着听，偶尔来点咿咿呀呀的反馈，到后来每天晚上睡前抱来一摞绘本让我朗读，不听完五六本不肯罢休；从他呱呱坠地、牙牙学语到伶牙俐齿地开始与我们争辩，立场鲜明地表达自己的观点，这些年，仿佛就在一瞬间。

简闻说话晚，两周岁才开始真正意义上的说话，之后就一发不可收拾，变成了一个“小话痨”，有时还语出惊人。我们常常说要给予孩子陪伴，而亲子共读也许是陪伴孩子成长最好的滋养。每一天那十几分钟的时间，与孩子一起安静下来，选一篇作品，你一句我一句地大声朗读，根据情节和语境来调整语气语调，让他勇敢自信地表达，这样有爱且具有仪式感的事情，也许是孩子童年最珍贵的记忆。可能孩子还不能完全理解这些文字的意义，但是精彩的故事、起伏的韵律、亲子的互动却也足以吸引和打动他们，并让他们在朗读中，从声音世界逐渐过渡到文字世界。而一旦进入了文字世界，他便会贪婪地沉浸其中，渐渐地爱上阅读。这时，孩子长大，我们老去，相伴相偎的时光也逐渐逝去。

简闻人生中第一个独立、完整讲述的故事是《月亮的味道》。我们曾分工扮演这个绘本故事里不同的角色，海龟、大象、长颈鹿、斑马……我们模仿着不同的小动物发声，有趣的情节引得我们哈哈大笑。幼儿园时的他，突然有一天就奶声奶气地、一字不落地讲完了整个故事，给我一个大大的惊喜。我们也曾一起读高凯的《村小：生字课》。这首小诗由“蛋、花、黑、外、飞”五个汉字构成五节，每个小节都以这五个汉字的组词形式展开，读起来朗朗上口，清脆响亮，让刚上一年级的简闻很容易拍着手就跟着小诗的节奏大声吟唱。再后来，他自己挑了简媜的散文《月牙》参加班级的朗诵比赛，让我陪他练习。清新隽永的文字，让我自己在朗读中感受着月光倾泻一地的美好，却也在简闻“月如钩吗？钩不钩得起沉睡的盛唐？月如牙吗？吟不吟得出李白低头思故乡？月如镰吗？割不割得断人间痴爱情肠？”的深情诵读中发现，昔日稚嫩的童声中，他已有了更多的思考和深度，那个小不点儿也在不知不觉中长成了一位翩翩少年郎。

在陪伴的日子里，我希望在孩子和书籍之间搭建起一座快乐的桥梁，引领他通过朗读喜欢上阅读，通过阅读去领略更大的世界；在声音与声音交流的日子里，我们在文字之外有了更多共同的话题，让彼此渐行渐远的相伴旅程有了更多的回忆。我总是说，其实我们应该感谢孩子让我们有机会和他们一起成长，我们在这个过程中也变得更好。至少，忙碌的工作之余，一起阅读，一起交流观点，现在还是我和简闻经常做的事情。我们必须和孩子有共同的话题，才可能走近进而走进他的世界，才能用他可以接受的话语体系来和他交流。而我也欣喜地看到，朗读为简闻种下了一颗热爱阅读的种子，现在的他已经愉悦地沉浸在自主阅读之中，甚至是有些着迷了。他看董卿的《朗读者》，期期不落，每次都很认真。他听朗读，看文字，然后去了解每一期的嘉宾以及朗读文字背后的故事，时不时地会有问题抛出，会让我买嘉宾读过的那本书，或者请我帮助查找一些相关的资料。我有种他的人生慢慢充盈起来的感觉。这也是我内心的期待。我期待不管他有怎样的人生，他都能与书相伴；不管这个世界会带给他什么，他都能将阅读作为生活中的一部分，植根于内心，享受乐趣并坦然面对一切。

所以，看到陆老师精心打造着他的“朗读吧”，我内心感动并骄傲。他用他的热忱与专注，与孩子们分享着朗读的乐趣，带给孩子智慧和信心；他以他的素养和专业，为家长和孩子们打造着亲子情感沟通平台，并及时给予指导；他以他的思考和理念，让家长给孩子更多高质量的陪伴，引导着更多的孩子从小热爱朗读进而爱上阅读。读书并不能带来非常直接的功利性的收获，但是，它却一定会让我们的人生更有意义。

父母子女之间本就是一场渐行渐远的旅程。当有一天，我们的孩子能够自信、独立地投身他所向往的世界，开启他的人生之旅，我想我们应该是欣慰的。但是之前，我们又该做些什么？不妨就从亲子朗读开始吧。用心交流，字字响亮，温暖相伴，共同成长。也许，这是我们与孩子有限的共处时光里，最珍贵的陪伴。

——“朗读吧”成员简闻妈妈　毛　薇

女儿和我的朗读时光

朗读是孩子成长的一剂良药。在我女儿牙牙学语时，我便成为她的朗读伙伴，或者说是通往阅读道路上的合作搭档。我从不规定她应该听什么书，而是尊重她的选择，总是她指挥着我，告诉我她想听什么书。时间久了，我成了她的说书先生，她成了我最忠实的听众。随着年龄的增长，单一的聆听已无法满足她，更多的时候我们是互相倾耳，书声琅琅。有一次，我们一起朗读了叶圣陶的《没有秋虫的地方》，她读得很认真，读到一半，她突然叫停：“妈妈，你快听！窗外的蝉叫声，真的跟书中描绘的那样，满耳的虫声高低宏细急徐作歇……明天你能带我去趟书店吗？我想买一些有关蝉科昆虫类方面的书籍，行吗？”我从她的眼中看到强烈的求知欲望，这不正是朗读给我们带来的惊喜吗？

上了小学二年级，她有幸加入了学校的“朗读吧”社团。陆老师告诉我，朗读是父母对孩子爱的表达与传递，要想孩子喜爱朗读，父母首先就要爱上朗读。在“朗读吧”，陆老师教会了我女儿不少朗读的技巧与方法。女儿对朗读的热爱一发不可收拾，她现在的朗读水准远远超越了我。她不仅去书中寻找真理，更通过读书去思考，去寻找一种快乐。最近她又迷上了《彼得潘》，经常与我分享书中的精彩段落，还时常叮嘱我，一定要相信世界上有小精灵的存在……

我希望我的女儿能骄傲地对别人说：“‘你或许拥有无限的财富，一箱箱的珠宝和一柜柜的黄金，但你永远不会比我富有——因为我有一位读书给我听的妈妈！’是我的妈妈让我爱上了朗读！”

——“朗读吧”成员高语彤妈妈

第六节　“和大人一起读”

统编版教材出现全新的板块“和大人一起读”，是激发学生阅读兴趣、加强学生课外阅读的一个重要举措，体现了课内外阅读相结合的重要思想。在一年级上、下册教材中各有8篇文章，选编的大都是古今中外经典的童话、寓言、民间传说、儿童故事，以及朗朗上口的童谣、儿歌和优美精练的短文，并配有精美的插图，增强了趣味性。

年　级	“和大人一起读”活动内容
一年级上册	儿歌　《小兔子乖乖》《剪窗花》《谁会飞》《春节童谣》
	故事　《小鸟念书》《小松鼠找花生》《拔萝卜》《猴子捞月亮》
一年级下册	儿歌　《谁和谁好》《胖乎乎的小手》《妞妞赶牛》
	故事　《阳光》《狐狸和乌鸦》《夏夜多美》《孙悟空打妖怪》《小熊住山洞》

针对这一栏目的出现，笔者对一线语文教师和家长做了调查，大部分语文教师认为“和大人一起读”这一板块是家长的任务，也有部分教师认为是教师的教学任务。家长的困惑在于：“我和孩子该怎么读?”“我们一起读些什么呢?”“为什么孩子要和大人一起读?”……

针对上述困惑，笔者有如下思考，并进行了有针对性的探索。

一、丰富“大人”的范畴

“和大人一起读”，此处的“大人”主要是指孩子的父母，也可以是孩子的其他家人，或孩子的老师、高年级的同学，只要是比孩子年龄大的可以和孩子一起阅读的人，都属于“大人”的范畴。语文教师要善于利用各方“大人”的资源。只有充分认识“大人”范畴的丰富性，才能实现“一起读”的多样性，才能有效发挥“一起读”的价值。

（一）邀请朗读爱好者

在周围有很多朗读爱好者，语文教师可以邀请这些朗读爱好者和学生一起读。例如，在二十四节气“大雪”之日，笔者在班级举行了“如果我是一片雪花”朗读会，并邀请了电视台的主持人朋友到班级和孩子一起朗读金波的作品《如果我是一片雪花》。

> 如果我是一片雪花，我飘落什么地方去呢？飘到小河里，变成一滴水，和小鱼小虾游戏？飘到广场上，去堆雪人，望着你笑眯眯？亲亲她，然后就快乐地融化。……

在朗读过程中，电视台主持人带着孩子们，想象自己就是一片雪花，自由自在，漫无目的地在天空中飞扬，并结合背景音乐反复朗读。纯真的梦想，带着稚嫩的声音，孩子们度过了美好的阅读时光。另外，电视台主持人吐字发音比较规范，在朗读时仪态自然大方，对孩子们的朗读产生了潜移默化的影响。笔者认为，部分朗读爱好者比较愿意展示自身的朗读，教师正好借此充分发挥朗读爱好者的作用，给孩子们不同的朗读体验。

（二）亲子携手朗读

在调查中发现，部分家长愿意和孩子朗读，但大部分家长觉得工作繁忙，无法陪伴孩子一起朗读。在低段，父母的朗读具有引荐作用，孩子由于自身成长经历所限，不能完全理解作品的内涵，这时候就需要在家长的陪伴下，渐渐走进语言文字，慢慢品味文学作品。与此同时，在亲子朗读的过程中，家长和孩子能增进双方的了解，拉近彼此的距离。亲子朗读的过程，就像是一次曼妙的游戏之旅，这个过程，既可以让孩子享受到朗读的乐趣，也能让孩子感受到父母浓浓的爱，而且这种享受是父母和孩子共同创造的。

美国著名儿童文学家波罗·福克斯说：“当你念书给孩子听，当你把一本书交到孩子手上时，你便带给孩子无限的人生可能性，你便成为一个启发者。”父母应该为孩子选择好的书籍，让孩子在阅读中获得心智的全面发展。教师可以通过家长会、共建家庭组、个别交流等形式，帮助家长理解“和大人一起读”的育人价值，帮助家长建立朗读观念。

（三）发挥“小大人”的作用

笔者在前面有所阐述：只要是比孩子年龄大的可以和孩子一起阅读的人，都属于

“大人”的范畴。因此，教师可以成立朗读团，让高段孩子给低段孩子朗读，形成互帮互助的局面，创设良好的朗读氛围。弗洛伊德的自我防御机制理论中提到：“儿童无意识的、有选择性地吸收、模仿或顺从另外一个一般是自己敬爱和尊崇的人或团体的态度或行为，以对方之长归为已有，作为自己行为的一部分去表达，以此吸收他人的优点。”“小大人”大力量，会让更多的孩子喜欢上阅读。

笔者在学校成立了“少年朗读团”，选拔了一批优秀的朗读者，每周到一、二、三年级给学弟学妹们朗读。“小大人们”不仅仅朗读文字内容，还要创新朗读方式，激发学弟学妹们的朗读兴趣。此外，“小大人们”还可以分享阅读感受，说说阅读故事，吸收更多的同学加入朗读的队伍。最后，在期末，根据“小大人们”的表现，同学们会评选出“十佳朗读者”，学校会在全校同学面前予以表彰。

二、和“大人”一起这样读

“兴趣是最好的老师。”成功的教学所需要的不是强制，而是激发学生的兴趣。因此，“和大人一起读”必须面向儿童，从儿童的视角出发，通过儿童喜闻乐见的形式，激发儿童朗读兴趣，强化儿童朗读体验，帮助儿童亲近语言文字，在他们的心中播种一颗阅读的种子，使他们实现从“要我朗读”到“我要朗读”的转变。

（一）读的形式多样化

“和大人一起读”的内容多是古今中外经典的童话、寓言、民间传说、儿童故事，以及朗朗上口的童谣、儿歌和优美精练的短文，这些内容往往语言活泼生动，节奏轻快明朗，富有表现力。低段儿童的思维以形象思维为主，无法长时间集中注意力，在阅读时常常会伴随着肢体动作，因此，教师要遵从儿童发展规律，设计一些有趣的、贴近儿童的朗读活动。

1.演一演

在朗读《孙悟空打妖怪》时，家庭成员可以用扮演的人物角色，形成其乐融融的阅读状态。在朗读《狐狸和乌鸦》时，笔者建议可以进行角色扮演，演一演故事。家长和孩子分角色，一位扮演乌鸦，一位扮演狐狸，在朗读中感受狐狸的狡猾，在表演中体会到朗读的快乐，领悟寓言蕴含的道理。另外，在表演的过程中，大人可以引导孩子思考：乌鸦嘴里的肉掉下来之后心情如何？它会怎么做？用问题引导孩子创编故事的结局。

2.唱一唱

一年级上册的《小兔子乖乖》：“小兔子乖乖，把门开开。快点儿开开，我要进来。不开，不开，我不开，妈妈没回来，谁来也不开。”这是一首耳熟能详的童谣，在朗读的基础上，可以采取唱一唱的方式，相互之间比一比谁唱得更加生动，使朗读更加富有趣味性，孩子在愉悦的体验中会渐渐喜欢上阅读。

3.画一画

在朗读完《胖乎乎的小手》后，可以鼓励孩子也画画自己的小手，并且引导孩子说说自己的小手做了些什么，树立孩子勤动手的习惯。在学习《夏夜真美》时，可以有意识地创设夏夜的情境，在悠扬的背景音乐下，带领孩子进入情境，缓缓朗读，感受夏夜的静美。读完之后，鼓励孩子画一画夏夜的天空，画一画夏夜的小蚂蚁、蜻蜓、睡莲等，把朗读感受到的美通过绘画展现出来。

（二）读的内容主题化

教材提供的其实是一个例子，无论是教师还是家长，都要积极地引导孩子走向课外，丰富孩子的阅读量。在一起读《春节童谣》时，教师或者家长不妨给孩子推荐一些有关春节主题的童谣，让孩子们在朗朗上口的童谣中认识春节，了解春节。此外，还可以在班级举行节日童谣主题朗读比赛，激励孩子们寻找更多有关节日的童谣，在朗读中感受中国传统文化的博大精深和独特魅力。在一起读金波的作品《阳光》时，教师和家长不妨引导孩子在课外选择一些金波的其他作品进行朗读。金波的作品富有节奏感、音乐感、画面感，富有童心和童趣，值得孩子们去细细品读。在一起读《狐狸和乌鸦》时，教师和家长不妨引导孩子课外阅读《伊索寓言》，通过一个个故事品味一个个道理。

《语文课程标准》指出：“要重视培养学生广泛的阅读兴趣，扩大阅读面，增加阅读量，提高阅读品位。”通过主题化的阅读，带领孩子在短时间内大量阅读相关内容，有效加深记忆，多角度、更全面地理解同一主题思想，这有利于丰富学生的语言积累，培养学生的语感，提高学生的语文素养。

（三）读的场地可变化

在一般人的观念里，“一起读”的场所往往在教室或者家里，其实，我们可以扩大一起读的场地，形成随时随地一起朗读的氛围。在周末，家长不妨和孩子一起，多参加一些朗读会，结交爱好朗读的朋友，以书会友，相互激励，相互推荐，养成良好的阅读习惯。春天来临的时候，春回大地，鸟语花香，老师不妨带领孩子们走出教室，在室外举行一场名为“我和春天的约会”的朗读活动，家长也可以和孩子到公园，在大自然中尽情朗读。在夏天的晚上，家长一起和孩子在郊外仰望星空，在星星的注视下朗读《夏夜真美》，在美妙的情境中感受语言文字的美好。

教师和家长要努力为孩子创设朗读的实践环境，在不同的地方开展多种形式的朗读活动。古人说读书三上，“枕上、厕上和马上”，家长和老师也要积极引导孩子随时随地朗读，让阅读成为生活中不可缺少的一部分。

三、“和大人一起读”把握四个度

（一）体验阅读无压力度

“和大人一起读”首先要确立一个核心理念：这里的读和教师在教课文时的教读是完全不一样的，它是在“大人”陪伴下进行的无压力的阅读。在课堂教学中教师都会设置教学目标，如掌握生字词，读好问号、句号、感叹号等。但是“和大人一起读”栏目的教学，并不是关注儿童通过阅读掌握多少汉字、积累多少名言等，而是通过引导孩子进行无压力的阅读，营造良好的阅读氛围，在孩子的心中播种一颗阅读的种子。

（二）把握自读与共读平衡度

俗话说：“授人以鱼不如授人以渔。”对于一年级的孩子而言，教会他们如何阅读才是关键。一年级上学期，“和大人一起读”的过程中，要从“教读”“伴读”进而“放读”，使孩子在“大人”的引导下，在有趣的听读活动中，实现口头语言向书面语言的过渡。到一年级下学期，可以放手让孩子自己阅读故事书。例如“大人”和孩子阅读了《狐狸和乌鸦》之后，要鼓励儿童尝试自己读《伊索寓言》，读完之后口头分享阅读感悟，帮助儿童更好地理解故事人物以及故事表达的内涵。

（三）控制一起读的时间长度

“和大人一起读”的过程中，要根据儿童的心理特点，控制阅读的时间量，不宜长时间一起读，以免增加儿童的阅读负担。心理学家研究表明，7—10岁的儿童注意力集中时间约为15—20分钟。“大人”不妨和儿童共同商量，制订一份阅读安排表，固定一个时间段进行阅读，避免儿童产生厌恶的情绪。例如，笔者在班里建议孩子阅读20分钟，时间不长但每天都坚持。另外一方面也是出于保护儿童的视力考虑，避免长时间阅读。

（四）考虑读物的难易度

对于低段儿童而言，只有感兴趣的读物他们才会进行阅读，因此，“大人”要选择适合儿童阅读和朗读的语言材料，切忌一开始就阅读有难度的作品，拔高阅读要求，使儿童对阅读产生枯燥、乏味的体验。同时，也要避免选择过于简单的读物。从阅读一篇童话故事到阅读一本童话故事，从学唱一首童谣到唱同一主题的童谣，在妙趣横生的文字阅读中，培养孩子的阅读习惯。比如在低段，生动有趣的绘本是儿童的最佳读物，鲜明的视觉形象、飞扬的想象、简洁明快的语言文字，帮助儿童在无压力的状态下轻松爱上阅读。

和“大人”一起读，读的是一种乐趣，读的是一份温情，读的是一门学问。我们都要坚信阅读的力量，在“一起读”的道路上，在每一个孩子心中播种一颗阅读的种子，我们和孩子，一起浇灌，一起呵护，一起成长，一起遇见旖旎的风光。

第四辑 朗读篇目推荐

遇见朗读，那就坚守对朗读的情怀和对文字深深的眷恋。初心也许是一个简单的愿望，坚定初心，坚守初心，让这一颗初心就像一粒种子一样，慢慢长大，长成参天大树。

第一节　各年级朗读推荐篇目

1. 一、二年级朗读推荐篇目

希望（胡适）
湖上（胡适）
一颗星儿（胡适）
雨后天（林徽因）
小小的船（叶圣陶）
律（李金发）
弧线（顾城）
月之故乡（彭邦桢）
和平的春天里（康白情）
星星（伊迪丝·索德格朗）
天真的预示（威廉·布莱克）
我是草莓（库斯金）
巴特尔要离开家乡（汪曾祺）
云儿哪里去了（伊丽莎白）
嘎吱响的门（耶胡达·阿米亥）
秋晚的江上（刘大白）
旧梦（节选）（刘大白）
雨后（郭沫若）
小草（朱自清）
照片（王怀让）
白天的月亮（金子美铃）
云（金子美铃）
夜里飘落的花（金子美铃）
牵牛花蔓（金子美铃）
鸟和春天（曾卓）
秋日（罗纳德·斯图亚特·托马斯）
星星（索德格朗）
小弟和小猫（柯岩）
蒲公英（切普捷科娃）
住在山上的风（吴秀春）
云影（弗罗斯特）
绿（艾青）
追求（覃子豪）
钟声（闻一多）
深闭的园子（戴望舒）
风很美（海子）
雨景（朱湘）
废园（朱湘）
天真的预示（威廉·布莱克）
标点符号（丁云）
小鹿乖乖（金波）
星星和花（金波）
小树谣曲（金波）
叶笛　（金波）
鸟巢（金波）
愿站成一棵树（金波）
母亲节（方素珍）
阳光（徐小华）
过河谣（圣野）
雷公公和啄木鸟（圣野）
云影（弗罗斯特）
绿（艾青）
写给云（白冰）

海边（泰戈尔）

金色花（泰戈尔）

纸船（泰戈尔）

妈妈的话（林焕彰）

妈妈的心（林焕彰）

梦想（谭旭东）

阳光（徐小华）

泉（叶文福）

我是雨滴（张庆和）

我们的六月（钟代华）

小小蟋蟀（张晓楠）

窝里的鸟蛋（斯蒂文森）

雾（托克玛科娃）

《声律启蒙》

《千家诗》

《蓑翁对韵》

《幼学琼林》

《三字经》

《弟子规》

《中华圣贤经》

《千字文》

童谣：

十二月歌

二十歌

跳皮筋

看雨云

拉大锯

拍手歌

丢手绢

庙门儿对庙门儿

春花大姐

老鼠娶亲

金钩钩 银钩钩

2. 三、四年级朗读推荐篇目

启明星（艾青）

礁石（艾青）

太阳的话（艾青）

春姑娘（艾青）

我爱这土地（艾青）

太阳（艾青）

盼望（艾青）

星星（臧克家）

山中一个夏夜（林徽因）

我们准备着（冯至）

星星和蒲公英（金子美铃）

假如你走来（陈敬容）

力的前奏（陈敬容）

屋顶之树（羊令野）

黎明（何其芳）

赠人（何其芳）

雨天（何其芳）

一颗星的悲哀（阿波里奈尔）

我们三个朋友——赠任叔永与陈莎菲（胡适）

别踩了这朵花（冰心）

纸船（冰心）

一朵野花（陈梦家）

希望者（安·别雷）

花（白深富）

夜与晨——给萨多夫斯基（安·别雷）

从前慢（木心）

囚歌（叶挺）
父亲的草原母亲的河（席慕蓉）
孩子们的歌（R.S.托马斯）
天上的街市（郭沫若）
一句话（闻一多）
假如生活欺骗了你（普希金）
说给自己听（三毛）
安慰（顾城）
冬天的河流（顾城）
山区的冬晨（诗琳通）
你的名字（纪弦）
在天晴了的时候（戴望舒）
乐园鸟（戴望舒）
摇篮歌（朱湘）
快乐（节选）（梁实秋）
生命（沈从文）
火烧云（萧红）
非走不可的弯路（张爱玲）
海边（泰戈尔）
金色花（泰戈尔）
纸船（泰戈尔）
人生自然的节奏（林语堂）
我愿秋常驻人间（庐隐）
海上的日出（巴金）
金黄的稻束（郑敏）
伞（痖弦）
还给我（严力）
听孩子们争辩（李瑛）
小风握手（王宜振）
蚂蚁（林染）
我想（高洪波）
椰子（李小雨）
年终（陆忆敏）
饮水（西川）
当我被簇拥在孩子们中间（钱万成）
太阳是我们的（樊发稼）
果园（梁继平）
起步（顾城）
教我如何不想她（刘半农）
诗的岁月（罗门）
透明的呼啦圈（高恩道）
想看海的孩子（杜虹）
假如我是一蕾雪花（柴广鹏）
石头伸开四只脚（楚科夫斯基）
挑刺小孩（吉葡乐）
童话（斯拉德克）
有雨（韦苇）
文言文：

小古文《猫斗》
小古文《芦花》
小古文《孔融让梨》
小古文《雪》
小古文《猫捕鱼》
小古文《狐假虎威》
小古文《盘古开天地》
小古文《南辕北辙》
小古文《惊弓之鸟》
小古文《共工触山》
小古文《山川之美》
小古文《鸦狐》
小古文《自相矛盾》

3. 五、六年级朗读推荐篇目

沁园春·雪（毛泽东）
面朝大海，春暖花开（海子）
祖国（或以梦为马）（节选）（海子）
月光（海子）
我是一条小河（冯至）
雪花的快乐（徐志摩）
再别康桥（徐志摩）
一棵开花的树（席慕蓉）
秋天，这秋天（林徽因）
别丢掉（林徽因）
你是人间的四月天——一句爱的赞颂（林徽因）
小鸟在天空消失的日子（谷川俊太郎）
吹箫者（覃子豪）
红烛（闻一多）
死水（闻一多）
我骄傲，我是中国人（王怀让）
地球，我的母亲！（节选）（郭沫若）
分别（西亚特）
我用残损的手掌（戴望舒）
秋夜思（戴望舒）
寻梦者（戴望舒）
相信未来（食指）
大堰河——我的保姆（节选）（艾青）
黎明（艾青）
春天，遂想起（余光中）
乡愁四韵（余光中）
一片槐树叶（纪弦）
黄河颂（光未然）
我是一个任性的孩子（节选）（顾城）
轻浮的泡沫（顾城）
如果我能使一颗心免于哀伤（狄金森）
如果忘记就是忘却（狄金森）
雨后（陈敬容）
出发（陈敬容）
山和海（陈敬容）
想想别人（达维什）
当你写下新的一页（容克）
当一切入睡（维克多·雨果）
我不在认识黑夜（埃利蒂斯）
积雪（金子美铃）
爸爸的老师（任溶溶）
英雄的画像（元辉）
尺八（卞之琳）
古镇的梦（卞之琳）
我们为什么不歌唱（力扬）
妹妹你是水（应修人）
你不快乐的每一天都不是你的（佩索阿）
像这样细细地听（茨维塔耶娃）
荷塘月色（节选）（朱自清）
匆匆（节选）（朱自清）
雪（节选）（鲁迅）
《野草》题辞（节选）（鲁迅）
故都的秋（节选）（郁达夫）
春风（老舍）
鸟声（周作人）
牵牛花（叶圣陶）
春（节选）（丰子恺）
登高（节选）（胡也频）

深夜又深山（冯至）
致橡树（舒婷）
望星空（郭小川）
记一个老师的谈话（李广田）
说扬州（朱自清）
为什么要读书（胡适）
牛津的书虫（许地山）
我们常常害怕（林良）
月亮是一首朦胧的小诗（王宜振）
鸟儿翻译家（王宜振）
你的名字只剩下蓝（王宜振）
帆（莱蒙托夫）
诗的艺术（张牧笛）
花朵开放的声音（金波）
撑伞的日子（金波）
班长的苦恼（柯岩）
你好，哀愁（依群）
这是四点零八分的北京（食指）
在你出发的时候（食指）
音尘（卞之琳）
长城内外（梁上泉）
第一批中国汽车（流沙河）
歌唱着二小放牛郎（方冰）
文言文：

《鹿照水》
《大公无私》
《舍本逐末》
《晏子使楚》

第二节　节日朗读推荐篇目

【春节】

（一）元日

（宋）王安石

爆竹声中一岁除，春风送暖入屠苏。
千门万户曈曈日，总把新桃换旧符。

（二）浣溪沙·庚申除夜

（清）纳兰性德

收取闲心冷处浓，舞裙犹忆柘枝红。谁家刻烛待春风？
竹叶樽空翻彩燕，九枝灯灺颤金虫。风流端合倚天公。

（三）生活，迎面走来的春天

佚　名

鞭炮声声驱走了严寒
欢歌笑语呼唤着春天
春天正在远方的地平线
迈着轻盈的脚步
走到我们每一个人的面前
快迎上去吧
让和煦的春风
轻轻地抚摸着每一张笑脸
让春的使者舞起巨大的彩笔
给大地抹上嫩绿，涂上洁白
用斑斓的色彩渲染出生机盎然的巨幅画面

在这缤纷的世界上
我们都很平凡
像田野中开放的小花
默默地点缀着春天
只要有一缕阳光
也会变得无比灿烂

我们都很平凡
但生活这部宏伟的乐章
是我们弹奏的旋律
我们是母亲
多么希望让母爱的阳光
永远照耀着那张张笑脸

我们是父亲
多么希望能用一双强壮的臂膀

撑起一片蓝蓝的天
让我们的孩子在这湛蓝的天空下
永远沐浴着阳光的温暖

我们是儿女
多么希望能用我们的拳拳之心
抚平老人一生的坎坷和磨难
让晚霞那绚丽的光芒
映照出老人依然青春的容颜

也许，生活给予了我们
太多的沉重，太多的艰难
太多的无奈，太多的感叹
或许，生活也同样给予了我们
许多希望和许多情缘
才使我们走到一起来
同悲欢，共苦甜
在清淡中笑得开怀
在辛劳中活得坦然
虽然卑微却顶天立地
头顶重负却脊梁不弯
生活就像一杯陈年的老酒
浓缩着人生的苦涩与甘甜
生活就像一架失衡的天平
高高地托起理想和信念！
生活就是迎面走来的春天
让鲜花开满幸福的庭院

（四）走进春天

佚　名

尽管岁月日复一日，它仍然迈着仓促的步履，毫不留情地挥手而去。

尽管严冬稍纵即逝，它仍然喘着逼人的寒气，不甘愿地告别了冷酷的天地。

在昨夜睡梦里，我擦去了残雪盈满泪珠的痕迹。在今晨醒来时，我闻到了早春清新宜人的空气。

春风告诉我，不要埋怨岁月的无情消逝。春雨告诉我，不要陷入时光刻下的痛楚回忆。

又是一个浪漫的春季，又是一个梦幻的春季，又是一个姹紫嫣红的春季，又是一个充满希望的春季。

时光走进了春天，复苏的大地焕发出无穷的活力。生活走进了春天，艰辛的命运遇到了崭新的契机。

人们都说春天的魅力，在于她春华秋实的意义。人们都唱春天的美丽，她让一切生命富有诗情画意。

张开春天的目光，那是一种期盼的注视；升起春天的朝霞，那是一种燃烧的心绪；发出春天的光彩，那是一种自信的绚丽；迈出春天的脚步，那是一种豪迈的进取。

告别了白茫茫的冰天雪地，走上了眼前那片绿茵茵的芳草地。路也许还很崎岖，鲜花丛里也许还会遇到荆棘，那也不要止步，不要放弃。

岁月匆匆，会带走你青春的年华，可带不走你执着的情意。别梦依稀，会缠住你惘然的幽思，可缠不住你奋进的勇气。

走进春天，我就是坦坦荡荡的春风，去攀登每一座雄伟的高山。

走进春天，我就是潇潇洒洒的春雨，去荡涤每一条壮丽的大河。

走进春天，我就是轰轰隆隆的雷电，去闪亮每一束灿烂的火焰。

走进春天，我就是风风火火的阳光，去拥抱每一方绿色的土地。

走进春天，让我们深情拥抱热爱的土地。

走进春天，让我们深情拥抱热爱的土地。

（五）北京的春节（节选）

老　舍

从腊八起，铺户中就加紧地上年货，街上加多了货摊子——卖春联的、卖年画的、卖蜜供的、卖水仙花的等等，都是只在这一季节才会出现的。这些赶年的摊子都教儿童们的心跳得特别快一些。在胡同里，吆喝的声音也比平时更多更复杂起来，其中也有仅在腊月才出现的，像卖宪书的、松枝的、薏仁米的、年糕的等等。

在有皇帝的时候，学童们到腊月十九日就不上学了，放年假一月。儿童们准备过年，差不多第一件事是买杂拌儿。这是用各种干果（花生、胶枣、榛子、栗子等）与蜜饯搀和成的，普通的带皮，高级的没有皮——例如：普通的用带皮的榛子，高级的用榛瓤儿。儿童们喜吃这些零七八碎儿，即使没有饺子吃，也必须买杂拌儿。他们的第二件大事是买爆竹，特别是男孩子们。恐怕第三件事才是买玩意儿——风筝、空竹、口琴等——和年画儿。

儿童们忙乱，大人们也紧张。他们须预备过年吃的、使的、喝的一切。他们也必须给儿童赶做新鞋新衣，好在新年时显出万象更新的气象。

二十三过小年，差不多就是过新年的“彩排”。在旧社会里，这天晚上家家祭灶王，从一擦黑儿鞭炮就响起来，随着炮声把灶王的纸像焚化，美其名叫送灶王上天。在前几天，街上就有多少卖麦芽糖与江米糖的，糖形或为长方块或为大小瓜形。按旧日的说法：用糖粘住灶王的嘴，他到了天上就不会向玉皇报告家庭中的坏事了。现在，还有卖糖的，但是只由大家享用，并不再粘灶王的嘴了。

过了二十三，大家就更忙起来，新年眨眼就到了啊。在除夕以前，家家必须把春联贴好，必须大扫除一次，名曰扫房。必须把肉、鸡、鱼、青菜、年糕什么的都预备充足，至少足够吃用一个星期的——按老习惯，铺户多数关五天门，到正月初六才开张。假若不预备下几天的吃食，临时不容易补充。还有，旧社会里的老妈妈们，讲究在除夕把一切该切出来的东西都切出来，省得在正月初一到初五再动刀，动刀剪是不吉利的。这含有迷信的意思，不过它也表现了人们确是爱和平的人，在一岁之首连切菜刀都不愿动一动。

除夕真热闹。家家赶做年菜，到处是酒肉的香味。老少男女都穿起新衣，门外贴好红红的对联，屋里贴好各色的年画，哪一家都灯火通宵，不许间断，炮声日夜不绝。在外边做事的人，除非万不得已，必定赶回家来，吃团圆饭，祭祖。这一夜，除了很小的孩子，没有什么人睡觉，都要守岁。

元旦的光景与除夕截然不同：除夕，街上挤满了人；元旦，铺户都上着板子，门前堆着昨夜燃放的爆竹纸皮，全城都在休息。

男人们在午前就出动，到亲戚家、朋友家去拜年。女人们在家中接待客人。同时，城内城外有许多寺院开放，任人游览，小贩们在庙外摆摊，卖茶、食品和各种玩具。北城外的大钟寺、西城外的白云观、南城的火神庙（厂甸）是最有名的。可是，开庙最初的两三天，并不十分热闹，因为人们还正忙着彼此贺年，无暇及此。到了初五六，庙会开始风光起来，小孩儿们特别热心去逛，为的是到城外看看野景，可以骑毛驴，还能买到那些新年特有的玩具。白云观外的广场上有赛轿车赛马的；在老年间，据说还有赛骆驼的。这些比赛并不争取谁第一谁第二，而是在观众面前表演骡马与骑者的美好姿态与技能。

多数的铺户在初六开张，又放鞭炮，从天亮到清早，全城的炮声不绝。虽然开了张，可是除了卖吃食与其他重要日用品的铺子，大家并不很忙，铺中的伙计们还可以轮流着去逛庙、逛天桥和听戏。

…………

在旧社会里，过年是与迷信分不开的。腊八粥、关东糖、除夕的饺子，都须先去供佛，而后人们再享用。除夕要接神；大年初二要祭财神，吃元宝汤（馄饨），而且有的人要到财神庙去借纸元宝，抢烧头股香。正月初八要给老人们顺星、祈寿。因此那时候最大的一笔浪费是买香蜡纸马的钱。现在，大家都不迷信了，也就省下这笔开销，用到有用的地方去。特别值得提到的是现在的儿童只快活地过年，而不受那迷信的熏染，他们只有快乐，而没有恐惧——怕神怕鬼。也许，现在过年没有以前那么热闹了，可是多么清醒健康呢。以前，人们过年是托神鬼的庇佑，现在是大家劳动终岁，大家也应当快乐地过年。

【元宵节】

（一）正月十五夜

（唐）苏味道

火树银花合，星桥铁锁开。
暗尘随马去，明月逐人来。
游妓皆秾李，行歌尽落梅。
金吾不禁夜，玉漏莫相催。

（二）青玉案·元夕

（宋）辛弃疾

东风夜放花千树。更吹落、星如雨。宝马雕车香满路。凤箫声动，玉壶光转，一夜鱼龙舞。

蛾儿雪柳黄金缕。笑语盈盈暗香去。众里寻他千百度。蓦然回首，那人却在，灯火阑珊处。

（三）元宵节

祖　慧

窗外月儿圆又圆，
全家欢聚吃汤圆。
正月十五元宵节，
家家户户庆团圆。

（选自北师大版语文教科书一年级语文下册）

（四）生查子·元夕

（宋）欧阳修

去年元夜时，花市灯如昼。月上柳梢头，人约黄昏后。
今年元夜时，月与灯依旧。不见去年人，泪满春衫袖。

（五）喜庆的花灯

佚　名

摇曳的烛火
汇成了一条璀璨的路
聚成了一条生辉的河
又是一年一度元宵节
因为与往年有所不同
我的生命点燃了一份潜藏的圣火
一份交相辉映的念想
一份用花灯点亮的动力资源
别说点上的灯会交还岁月
别说游动的光只属于童年

你知道吗?
你可懂得?
你和我都已等落了门前的菩提
你和我都已等干了山川河流
此刻……
只能相望，不能相依
那就对着灯的方向
温暖地许个愿
即使明月普照
心灵相通
今晚的思念仍然会在宽宽的长河里相遇
那就对着灯的眼睛
对我说句话
即使一句不远千里
满是岁月的冰碴
我们相拥的体温也能绽放出漫天的朝霞
看见了吗?
窗外普照的月色含羞告诉我的
思念……

【清明节】

(一) 清明

(唐) 杜　牧

清明时节雨纷纷，路上行人欲断魂。
借问酒家何处有，牧童遥指杏花村。

(二) 长安清明

(唐) 韦　庄

蚤是伤春梦雨天，可堪芳草更芊芊。
内官初赐清明火，上相闲分白打钱。
紫陌乱嘶红叱拨，绿杨高映画秋千。
游人记得承平事，暗喜风光似昔年。

（三）清明

（宋）黄庭坚

佳节清明桃李笑，野田荒冢只生愁。
雷惊天地龙蛇蛰，雨足郊原草木柔。
人乞祭余骄妾妇，士甘焚死不公侯。
贤愚千载知谁是，满眼蓬蒿共一丘。

（四）清明

老　舍

清明到了，处处桃红柳绿。
且别忙着去烧纸吧，
最要紧的还是种树。
水灾旱灾，
都不算数，
我们用手能把天灾挡住。
怎么？快去种树！
树林会造雨，
有雨就没旱灾，
风调雨顺没难处。
多多地把树栽。
树根会吸水，
水大也不会涝，
五谷丰登多么快活。
树林是国宝。
树林会防风，
能把天气变，
寒流吹不来，
大家都温暖。
沙漠随风向南来，
南边的良田变沙土，
斗争沙漠呀，斗争。

快快地多多地去种树。
山上树林藏积雪，
春暖雪化漫漫往下流，
山下有渠接雪水，
万顷良田浇到头。
秃山无树藏积雪，
春暖雪化一泄无余，
良田万顷等着浇灌，
雪尽源枯空开了渠。
河堤上种上树多种树，
树根抓住堤不瘫，
堤不瘫，没水患，
坐在阴凉吃袋烟。
清明到了，
别贪看桃红柳绿，
最要紧的是好好种树，多多种树！

（五）春

朱自清

盼望着，盼望着，东风来了，春天的脚步近了。

一切都像刚睡醒的样子，欣欣然张开了眼。山朗润起来了，水长起来了，太阳的脸红起来了。

小草偷偷地从土里钻出来，嫩嫩的，绿绿的。园子里，田野里，瞧去，一大片一大片满是的。坐着，躺着，打两个滚，踢几脚球，赛几趟跑，捉几回迷藏。风轻悄悄的，草绵软软的。

桃树、杏树、梨树，你不让我，我不让你，都开满了花赶趟儿。红的像火，粉的像霞，白的像雪。花里带着甜味，闭了眼，树上仿佛已经满是桃儿、杏儿、梨儿。花下成千成百的蜜蜂嗡嗡地闹着，大小的蝴蝶飞来飞去。野花遍地是：杂样儿，有名字的，没名字的，散在草丛里，像眼睛，像星星，还眨呀眨的。

“吹面不寒杨柳风”，不错的，像母亲的手抚摸着你。风里带来些新翻的泥土的气息，混着青草味，还有各种花的香，都在微微润湿的空气里酝酿。鸟儿将窠巢安在繁花嫩叶当中，高兴起来了，呼朋引伴地卖弄清脆的喉咙，唱出宛转的曲子，与轻风流水应和着。牛背上牧童的短笛，这时候也成天在嘹亮地响。

雨是最寻常的，一下就是三两天。可别恼。看，像牛毛，像花针，像细丝，密密地斜织着，人家屋顶上全笼着一层薄烟。树叶子却绿得发亮，小草也青得逼你的眼。傍晚时候，上灯了，一点点黄晕的光，烘托出一片这安静而和平的夜。乡下去，小路上，石桥边，撑起伞慢慢走着的人；还有地里工作的农夫，披着蓑，戴着笠的。他们的草屋，稀稀疏疏的在雨里静默着。

天上风筝渐渐多了，地上孩子也多了。城里乡下，家家户户，老老小小，他们也赶趟儿似的，一个个都出来了。舒活舒活筋骨，抖擞抖擞精神，各做各的一份事去，"一年之计在于春"；刚起头儿，有的是工夫，有的是希望。

春天像刚落地的娃娃，从头到脚都是新的，它生长着。

春天像小姑娘，花枝招展的，笑着，走着。

春天像健壮的青年，有铁一般的胳膊和腰脚，他领着我们上前去。

【端午节】

（一）浣溪沙·端午

（宋）苏　轼

轻汗微微透碧纨，明朝端午浴芳兰。流香涨腻满晴川。

彩线轻缠红玉臂，小符斜挂绿云鬟。佳人相见一千年。

（二）渔家傲·五月榴花妖艳烘

（宋）欧阳修

五月榴花妖艳烘。绿杨带雨垂垂重。五色新丝缠角粽。金盘送，生绡画扇盘双凤。　正是浴兰时节动。菖蒲酒美清尊共。叶里黄骊时一弄。犹瞢忪。等闲惊破纱窗梦。

（三）七律·端午

老　舍

端午偏逢风雨狂，村童仍着旧衣裳；

相邀情重携蓑笠，敢为泥深恋草堂；

有客同心当骨肉，无钱买酒卖文章；

当年此会鱼三尺，不似今朝豆味香。

（四）端午

佚　名

那是从撕裂的肺腑里传出的哀伤，
那是诗魂最后给世人悲壮的吟唱。
在汨罗江边轻身一跃，
却将离骚留给后人长考。
路漫漫兮上下而求索，
舞一曲壮歌长剑，
让楚国百舸争流。
用艾草熏过的角黍，
伴随着九歌里旋转的韶舞，
汨罗江啊，你是否仍然在沉思。
奔流不息的绿水，
和岸边的萋萋芳草，
穿过时空隧道寄来了汨水上美丽的思情，
包裹着岸边屹立的那颗头颅中的悠悠心事。
那是诗人瑰丽珍奇的琼佩，
雄黄已经发散开浑厚的酒香。
菖蒲把屈原的美德颂扬，
一曲豪壮的悲天悯人的音律，
在中华大地上数千年荡气回肠。
纵是千帆追逐也难以弥补的细节，
就让振聋发聩的鼓声催动龙舟，
让屈子的情感穿越时空。
像是初升的太阳光芒万丈，
将我们可爱的中华民族照亮。

（五）端午

民俗歌谣

五月五，是端阳。门插艾，香满堂。
吃粽子，蘸白糖。龙舟下水喜洋洋。
五月节，天气热，放下锄头歇一歇。
山上清风爽，杨梅红出血。
五月五，是端午，背个竹篓入山谷。
溪边百草香，最香是菖蒲。

【中秋节】

（一）春江花月夜

（唐）张若虚

春江潮水连海平，海上明月共潮生。
滟滟随波千万里，何处春江无月明！
江流宛转绕芳甸，月照花林皆似霰。
空里流霜不觉飞，汀上白沙看不见。
江天一色无纤尘，皎皎空中孤月轮。
江畔何人初见月？江月何年初照人？
人生代代无穷已，江月年年只相似。
不知江月待何人，但见长江送流水。
白云一片去悠悠，青枫浦上不胜愁。
谁家今夜扁舟子？何处相思明月楼？
可怜楼上月徘徊，应照离人妆镜台。
玉户帘中卷不去，捣衣砧上拂还来。
此时相望不相闻，愿逐月华流照君。
鸿雁长飞光不度，鱼龙潜跃水成文。
昨夜闲潭梦落花，可怜春半不还家。
江水流春去欲尽，江潭落月复西斜。
斜月沉沉藏海雾，碣石潇湘无限路。
不知乘月几人归，落月摇情满江树。

（二）水调歌头（明月几时有）

（宋）苏　轼

丙辰中秋，欢饮达旦，大醉，作此篇，兼怀子由。

明月几时有？把酒问青天。不知天上宫阙，今夕是何年。我欲乘风归去，又恐琼楼玉宇，高处不胜寒。起舞弄清影，何似在人间。

转朱阁，低绮户，照无眠。不应有恨，何事长向别时圆？人有悲欢离合，月有阴晴圆缺，此事古难全。但愿人长久，千里共婵娟。

（三）北平的秋

老　舍

中秋前后是北平最美丽的时候。天气正好不冷不热，昼夜的长短也划分得平匀。没有冬季从蒙古吹来的黄风，也没有伏天里挟着冰雹的暴雨。天是那么高，那么蓝，那么亮，好像是含着笑告诉北平的人们：在这些天里，大自然是不会给你们什么威胁与损害的。西山北山的蓝色都加深了一些，每天傍晚还披上各色的霞帔。

在太平年月，街上的高摊与地摊，和果店里，都陈列出只有北平人才能一一叫出名字来的水果。各种各样的葡萄，各种各样的梨，各种各样的苹果，已经叫人够看够闻够吃的了，偏偏又加上那些又好看好闻好吃的北平特有的葫芦形的大枣，清香甜脆的小白梨，像花红那样大的白海棠，还有只供闻香儿的海棠木瓜，与通体有金星的香槟子，再配上为拜月用的，贴着金纸条的枕形西瓜，与黄的红的鸡冠花，可就使人顾不得只去享口福，而是已经辨不清哪一种香味更好闻，哪一种颜色更好看，微微的有些醉意了！

那些水果，无论是在店里或摊子上，又都摆列的那么好看，果皮上的白霜一点也没蹭掉，而都被摆成放着香气的立体的图案画，使人感到那些果贩都是些艺术家，他们会使美的东西更美一些。况且，他们还会唱呢！他们精心地把摊子摆好，而后用清脆的嗓音唱出有腔调的“果赞”：“唉——一毛钱儿来耶，你就挑一堆我的小白梨儿，皮儿又嫩，水儿又甜，没有一个虫眼儿，我的小嫩白梨儿耶！”歌声在香气中颤动，给苹果葡萄的静丽配上音乐，使人们的脚步放慢，听着看着嗅着北平之秋的美丽。

同时，良乡的肥大的栗子，裹着细沙与糖蜜在路旁唰啦唰啦的炒着，连锅下的柴烟也是香的。“大酒缸”门外，雪白的葱白正拌炒着肥嫩的羊肉；一碗酒，四两肉，有两三毛钱就可以混个醉饱。高梁红的河蟹，用席篓装着，沿街叫卖，而会享受的人们会到正阳楼去用小小的木槌，轻轻敲裂那毛茸茸的蟹脚。

同时，在街上的“香艳的”果摊中间，还有多少个兔儿爷摊子，一层层的摆起粉面彩身，身后插着旗伞的兔儿爷——有大有小，都一样的漂亮工细，有的骑着老虎，有的坐着莲花，有的肩着剃头挑儿，有的背着鲜红的小木柜；这雕塑的小品给千千万万的儿童心中种下美的种子。

同时，以花为粮的丰台开始一挑一挑地往城里运送叶齐苞大的秋菊，而公园中的花匠，与爱美的艺菊家也准备给他们费了半年多的苦心与劳力所养成的奇葩异种开“菊展”。北平的菊种之多，式样之奇，足以甲天下。

同时，像春花一般骄傲与俊美的青年学生，从清华园，从出产莲花白酒的海甸，从东南西北城，到北海去划船；荷花久已残败，可是荷叶还给小船上的男女身上染上一些清香。

同时，那文化过熟的北平人，从一入八月就准备给亲友们送节礼了。街上的铺店用各式的酒瓶，各种馅子的月饼，把自己打扮得像鲜艳的新娘子；就是那不卖礼品的铺户也要凑个热闹，挂起秋节大减价的绸条，迎接北平之秋。

北平之秋就是人间的天堂，也许比天堂更繁荣一点呢！

（四）印度洋上的秋思（节选）

徐志摩

今夜月明人尽望，不知秋思在谁家。

中国字形具有一种独一的妩媚，有几个字的结构，我看来纯是艺术家的匠心：这也是我们国粹之尤粹者之一。譬如“秋”字，已经是一个极美的字形；“愁”字更是文字史上有数的杰作；有石开湖晕，风扫松针的妙处，这一群点画的配置，简直经过柯罗的画篆，米佗朗其罗的雕圭，Chopin的神感；像——用一个科学的比喻——原子的结构，将旋转宇宙的大力收缩成一个无形无踪的电核；这十三笔造成的象征，似乎是宇宙和人生悲惨的现象和经验，吁喟和涕泪，所凝成最纯粹精密的结晶，满充了催迷的秘力。你若然有高蒂闲（Gautier）异超的知感性，定然可以梦到，愁字变形为秋霞黯绿色的通明宝玉，若用银槌轻击之，当吐银色的幽咽电蛇似腾入云天。

我并不是为寻秋意而看月，更不是为觅新愁而访秋月；蓄意沉浸于悲哀的生活，是丹德所不许的。我盖见月而感秋色，因秋窗而拈新愁：人是一簇脆弱而富于反射性的神经！

我重复回到现实的景色，轻裹在云锦之中的秋月，像一个遍体蒙纱的女郎，她那团圆清朗的外貌像新娘，但同时她幂弦的颜色，那是藕灰，她踟蹰的行踵，掩泣的痕迹，又使人疑是送丧的丽姝。所以我曾说：

秋月呀？

我不盼望你团圆。

这是秋月的特色，不论她是悬在落日残照边的新镰，与“黄昏晓”竞艳的眉钩，中宵斗没西陲的金碗，星云参差间的银床，以至一轮腴满的中秋，不论盈昃高下，总在原来澄爽明秋之中，遍洒着一种我只能称之为“悲哀的轻霭”，和“传愁的以太”。即使你原来无愁，见此也禁不得沾染那“灰色的音调”，渐渐兴感起来！

秋月呀！
谁禁得起银指尖儿
浪漫地搔爬呵！

不信但看那一海的轻涛，可不是禁不住她一指的抚摩，在那里低徊饮泣呢！就是那：

无聊的云烟，
秋月的美满，
熏暖了飘心冷眼，
也清冷地穿上了轻缟的衣裳，
来参与这
美满的婚姻和丧礼。

十月六日志摩

（五）中秋节（节选）

萧　红

记得青野送来一大瓶酒，董醉倒在地下，剩我自己也没得吃月饼。小屋寂寞的，我读着诗篇，自己过个中秋节。

我想到这里，我不愿再想，望着四面清冷的壁，望着窗外的天。我侧倒在床上，看一本书，一页，两页，许多页，不愿看。那么我听着桌子上的表，看着瓶里不知名的野花，我睡了。

那不是青野吗？带着枫叶进城来，在床沿大家默坐着。枫叶插在瓶里，放在桌上，后来枫叶干了坐在院心。常常有东西落在头上，啊，小圆枣滚在墙根外。枣树的命运渐渐完结着。晨间学校打钟了，正是上学的时候，梗妈穿起棉袄打着嚏喷在扫偎在墙根哭泣的落叶，我也打着嚏喷。梗妈捏了我的衣裳说："九月时节穿单衣服，怕是害凉。"

董从他房里跑出，叫我多穿件衣服。

我不肯，经过阴凉的街道走进校门。在课室里可望到窗外黄叶的芭蕉。同学们一个跟着一个地向我问：

"你真耐冷，还穿单衣。"

"你的脸为什么紫色呢?"

"倒是关外人……"

她们说着，拿女人专有的眼神闪视。

到晚间，嚏喷打得越多，头痛，两天不到校。上了几天课，又是两天不到校。

森森的天气紧逼着我，好像秋风逼着黄叶样，新历一月一日降雪了，我打起寒战。开了门望一望雪天，呀！我的衣裳薄得透明了，结了冰般地。跑回床上，床也结了冰般地。我在床上等着董哥，等得太阳偏西，董哥偏不回来。向梗妈借十个大铜板，于是吃烧饼和油条。

青野踏着白雪进城来，坐在椅间，他问："绿叶怎么不起呢?"

梗妈说："一天没起，没上学，可是董先生也出去一天了。"

青野穿的学生服，他摇摇头，又看了自己有洞的鞋底，走过来他站在床边又问："头痛不?"把手放在我头上试热。

说完话他去了，可是太阳快落时，他又回转来。董和我都在猜想。他把两元钱放在梗妈手里，一会就是门外送煤的小车子哗铃的响，又一会小煤炉在地心红着。同时，青野的被子进了当铺，从那夜起，他的被子没有了，盖着褥子睡。

这已往的事，在梦里关不住了。

门响，我知道是三郎回来了，我望了望他，我又回到梦中。可是他在叫我："起来吧，悄悄，我们到朋友家去吃月饼。"

他的声音使我心酸，我知道今晚连买米的钱都没有，所以起来了，去到朋友家吃月饼。人嚣着，经过菜市，也经过睡在路侧的僵尸，酒醉得晕晕的，走回家来，两人就睡在清凉的夜里。

三年过去了，现在我认识的是新人，可是他也和我一样穷困，使我记起三年前的中秋节来。

【重阳节】

（一）九月九日忆山东兄弟

（唐）王　维

独在异乡为异客，每逢佳节倍思亲。

遥知兄弟登高处，遍插茱萸少一人。

（二）醉花阴·薄雾浓云愁永昼

（宋）李清照

薄雾浓云愁永昼，瑞脑消金兽。佳节又重阳，玉枕纱厨，半夜凉初透。

东篱把酒黄昏后，有暗香盈袖。莫道不销魂，帘卷西风，人比黄花瘦。

（三）采桑子·重阳

毛泽东

人生易老天难老，
岁岁重阳。
今又重阳，
战地黄花分外香。
一年一度秋风劲，
不似春光。
胜似春光，
寥廓江天万里霜。

（四）敬礼·夕阳

佚　名

当我很小的时候
您花了很多时间
教我慢慢用汤匙，用筷子
教我穿衣服，梳头发，擤鼻涕
教我系鞋带，扣扣子，溜滑梯
如今，您的脚站也站不稳，走也走不动了

所以，请您紧紧地握着我的手
陪着我，慢慢
就像当年一样
就像当年一样
您带着我一步一步地走
鲜花可以枯萎，沧海可以变桑田
但我们的恩情不变
让我们从现在开始，用小手拉着大手
让温暖与爱传递我们的深情
您像一座山，蕴含着丰富宝藏
您像一条河，经过了悬崖险滩
人生好比文学，少年是春天的歌，老年是秋天的诗
少年在春天里放歌，
这是他们天真、浪漫、稍纵即逝和永不复返的花季
初夏属于青年，事业和爱情时而浪漫时而实际
美好的理想变成现实或被击溃
盛夏属于中年，一个悲喜交加充满戏剧性的苦乐年华
现在这一切都过去了
您过了人生的沟沟坎坎
您经历了人生的风风雨雨
您面对秋日硕果和冬季将临
金钱、名誉、地位、享受
这些世俗的追求已不再有意义，也不再萦怀
您生命的秋天，是枫叶一般的色彩
不是春光胜似春光，时值霜天季节，却显得格外神采奕奕
心存感恩，使我们的生命更加厚重
心存感恩，使我们的道德根基长存
让温馨伴随着你们，温馨的名字叫永远
让欢笑伴随着你们，欢笑的名字叫灿烂
谢谢你们，衷心地谢谢你们
你们的悠悠爱心温暖四季
谢谢你们，衷心地谢谢你们

你们的浓浓情意感天动地
夕阳是晚开的花
夕阳是陈年的酒
夕阳是迟到的爱
夕阳是未了的情
敬礼，夕阳！

（五）最美是重阳

佚 名

最美是重阳，美在一份思念。

在诗人王维的笔下，“遥知兄弟登高处，遍插茱萸少一人”的场景，已定格成对亲人无尽思念的浓浓愁绪。即使真的分离，那份殷殷的牵挂和深深的思念还是可以隔着遥远的距离传到亲人的身边。

重阳节，这份思念，如花般绽放，美艳动人。

最美是重阳，美在一份景致。

农历九月还有着一个美好的名字，叫作“菊月”。放眼望去，漫山遍野金灿灿的菊花绽芬吐翠，傲霜怒放，彰显出生命的坚贞与高洁。她那昂首的姿态，使风霜不再那么肆虐，让大地变得分外迷人。

重阳节，这份景致，如菊般傲霜，美好可人。

最美是重阳，美在一份孝心。

这一天，游子把大包小包的情感从旅途的行囊中掏出，与父母一同分享，酒杯里溢出的醇香，早已弥漫在老屋外不甘寂寞的桂花树上。秋阳中，父母爽朗的笑声，已摆在院落的中央，幻化成最美好的食品，映照出他们菊花般璀璨的舒心。

重阳节，这份孝心，如小溪般流淌，叮咚回响。

最美是重阳，美在一份诗酒情怀。

这一刻，菊花酒摆放在桌前，咏菊诗回响在耳畔。那是“但将酩酊酬佳节，重阳独酌杯中酒”的无奈；那是“待到重阳日，还来就菊花”的等待；那是“战地黄花分外香”的美景；那是“抱病起登江上台”的忧思……那些温暖的、豪迈的、多情的诗句尽在耳边，将人们一颗颗柔软的心濡染得莹润浑厚。那象征延年益寿的菊花酒，将人们灿烂的脸庞映照得如花般动人。

重阳节，这份情怀，如灿然的傲菊，馨香弥漫。

“岁岁重阳，今又重阳”，最美是重阳，美在一份思念，美在一份景致，美在一份孝心，美在一份诗酒情怀。这份美，在与亲人的团聚中得以熏染和升华，放射出最真实、最朴素的幸福和光芒。

【青年节】

（一）自题小像

鲁　迅

灵台无计逃神矢，风雨如磐暗故园。
寄意寒星荃不察，我以我血荐轩辕。

（二）沁园春

胡　适

画里园林，眼中人物，何似故乡。
但相逢异地，想看一笑，
无端回首，清泪淋浪。
做病轻寒，酿愁梅雨，岑寂天涯日又长。
还携手，倩写生青镜，图我昂藏。

凄凉对此苍茫，都念我尘寰作醒狂。
是人家天上，寄愁长统，
回肠荡破，赋恨江郎。
不朽功名，千秋事业，努力群贤惠梓桑。
吾衰矣，只旗亭觅句，绮席飞觞。

（三）敬告青年（节选）

陈独秀

窃以少年老成，中国称人之语也；年长而勿衰（Keep young while growing old），英、美人相勖之辞也，此亦东西民族涉想不同、现象趋异之一端欤？青年如初春，如朝日，如百卉之萌动，如利刃之新发于硎，人生最可宝贵之时期也。青年之于社会，犹新鲜活泼细胞之在人身。新陈代谢，陈腐朽败者无时不在天然淘汰之途，与新鲜活泼者以空间之位置及时间之生命。人身遵新陈代谢之道则健康，陈腐朽败之细胞充塞人身则人身死；社会遵新陈代谢之道则隆盛，陈腐朽败之分子充塞社会则社会亡。

准斯以谈，吾国之社会，其隆盛耶？抑将亡耶？非予之所忍言者。彼陈腐朽败之分子，一听其天然之淘汰，雅不愿以如流之岁月，与之说短道长，希冀其脱胎换骨也。予所欲涕泣陈词者，惟属望于新鲜活泼之青年，有以自觉而奋斗耳！

自觉者何？自觉其新鲜活泼之价值与责任，而自视不可卑也。奋斗者何？奋其智能，力排陈腐朽败者以去，视之若仇敌，若洪水猛兽，而不可与为邻，而不为其菌毒所传染也。

呜呼！吾国之青年，其果能语于此乎！吾见夫青年其年龄，而老年其身体者十之五焉；青年其年龄或身体，而老年其脑神经者十之九焉。华其发，泽其容，直其腰，广其膈，非不俨然青年也；及叩其头脑中所涉想所怀抱，无一不与彼陈腐朽败者为一丘之貉。其始也未尝不新鲜活泼，浸假而为陈腐朽败分子所同化者，有之；浸假而畏陈腐朽败分子势力之庞大，瞻顾依回，不敢明目张胆作顽狠之抗斗者，有之。充塞社会之空气，无往而非陈腐朽败焉，求些少之新鲜活泼者，以慰吾人窒息之绝望，亦杳不可得。

（四）《晨钟》之使命

——青春中华之创造（节选）

李大钊

一日有一日之黎明，一棋有一棋之黎明，个人有个人之青春，国家有国家之青春。今者，白发之中华垂亡，青春之中华未孕，旧棋之黄昏已去，新棋之黎明将来。际兹方死方生、方毁方成、方破坏方建设、方废落方开敷之会，吾侪振此“晨钟”，期与我慷慨悲壮之青年，活泼泼地之青年，日日迎黎明之朝气，尽二十棋黎明中当尽之努力，人人奋青春之元气，发新中华青春中应发之曙光，由是一一叩发一一声，一一声觉一一梦，俾吾民族之自我的自觉，自我之民族的自觉，一一彻底，急起直追，勇往奋进，径造自由神前，索我理想之中华，青春之中华，幸勿姑息迁延，韶光坐误。人已汲新泉，尝新炊，而我犹卧榻横陈，荒娱于白发中华、残年风烛之中，沉鼾于睡眠中华、黄粱酣梦之里也。

过去之中华，老辈所有之中华，历史之中华，坟墓中之中华也。未来之中华，青年所有之中华，理想之中华，胎孕中之中华也。坟墓中之中华，尽可视为老辈之纪录，而拱手以让之老辈，俾携以俱去。胎孕中之中华，则断不许老辈以其沉滞颓废、衰朽枯窘之血液，侵及其新生命。盖一切之新创造，新机运，乃吾青年独有之特权，老辈之于社会，自其长于年龄、富于经验之点，吾人固可与以相当之敬礼，即令以此自重，而轻蔑吾青年，嘲骂吾青年，诽谤吾青年，凌辱吾青年，吾人亦皆能忍受，独至并此独有之特权而侵之，则毅然以用排除之手段，而无所于踌躇，无所于逊谢。须知吾青年之生，为自我而生，非为彼老辈而生，青春中华之创造，为青年而造，非为彼老辈而造也。

（五）青春

［美国］塞缪尔·厄尔曼

青春不是年华，而是心境；青春不是桃面、丹唇、柔膝，而是深沉的意志、恢宏的想象、炽热的感情；青春是生命的深泉涌流。

青春气贯长虹，勇锐盖过怯弱，进取压倒苟安。如此锐气，二十后生有之，六旬男子则更多见。年岁有加，并非垂老；理想丢弃，方堕暮年。

岁月悠悠，衰微只及肌肤；热忱抛却，颓唐必致灵魂。忧烦、惶恐、丧失自信，定使心灵扭曲，意气如灰。

无论年届花甲，抑或二八芳龄，心中皆有生命之欢乐，奇迹之诱惑，孩童般天真久盛不衰。

人人心灵皆有一台天线，只有你从天空接收美好、希望、欢乐、勇气和力量的信号，才能青春永驻、风华长存。

一旦天线倒塌，锐气便被冰雪覆盖，玩世不恭、自暴自弃油然而生，即使年方二十，实已垂垂老矣；然则只要竖起天线，捕捉乐观的信号，你就有望在八十高龄告别尘寰时仍能感觉到自身的年轻。

【母亲节】

（一）母亲

冰　心

母亲呵！
天上的风雨来了，
鸟儿躲到它的巢里；
心中的风雨来了，
我只躲到你的怀里。

（二）母亲颂

［黎巴嫩］纪伯伦

人的嘴唇所能发出的最甜美的字眼，就是“母亲”；最美好的呼喊，就是“妈妈”。这是一个简单而又意味深长的字眼，充满了希望、爱、抚慰和人的心灵中所有亲昵、甜蜜和美好的感情。在人生中，母亲乃是一切。在悲伤时，她是慰藉；在沮丧时，她是希望；在软弱时，她是力量。她是同情、怜悯、慈爱、宽宥的源泉。谁要是失去了母亲，就失去了他的头所依托的胸膛，失去了为他祝福的手，失去了保护他的眼睛……

自然界的一切，都象征并表露着母性。太阳，是大地的母亲，她以热量孕育了大地，用光明拥抱大地。大地，是树木花草的母亲，她生育并培养它们，直到它们长大。树木花草又是香甜可口的果实和充满活力的种子的慈母。而宇宙万物的母亲，则是充满美和爱的无始无终的永恒不灭的绝对精神。

母亲这个字眼，蕴藏在我们的心底，就像果核埋在土地深处。在我们悲伤、欢乐的时刻，这个字眼会从我们嘴里迸出，如同万里晴空和细雨蒙蒙时，从玫瑰花蕊溢出的芳香。

（三）仿佛

［印度］泰戈尔

我不记得我的母亲
只是在游戏中间
有时仿佛有一段歌调
在我玩具上回旋
是她在晃动我的摇篮时
所哼的那些歌调

我不记得我的母亲
但是在初秋的早晨
合欢花香在空气中浮动
庙殿里晨祷的馨香
仿佛向我吹来母亲一样的气息

我不记得我的母亲
只是当我从卧室的窗里
外望悠远的蓝天
我仿佛觉得
我母亲凝注在我脸上的眼光
布满了整个天空

（四）献给母亲蓓·海涅

［德］海涅

我惯于昂首阔步，两眼朝天，
我的性情也有点执拗倔强；
即使国王跟我面对面相望，
我也不会低垂下我的眼帘。

可是，慈母啊，我要对你直言：
尽管我的傲气如此刚强，
一到你的幸福的亲切的身旁，
我常常感到自卑而畏缩不前。

你有渗透一切的崇高的精神，
光芒四射，直飘向日月星辰，
是这种精神暗暗地征服了我？

回忆往事真使我感到难过，
我做错许多事情，伤你的心，
那样万分爱我的慈母的好心！

（五）我的母亲

老 舍

母亲的娘家是北平德胜门外，土城儿外边，通大钟寺的大路上的一个小村里。村里一共有四五家人家，都姓马。大家都种点不十分肥美的地，但是与我同辈的兄弟们，也有当兵的，作木匠的，作泥水匠的，和当巡察的。他们虽然是农家，却养不起牛马，人手不够的时候，妇女便也须下地做活。

对于姥姥家，我只知道上述的一点。外公外婆是什么样子，我就不知道了，因为他们早已去世。至于更远的族系与家史，就更不晓得了；穷人只能顾眼前的衣食，没有功夫谈论什么过去的光荣；“家谱”这字眼，我在幼年就根本没有听说过。

母亲生在农家，所以勤俭诚实，身体也好。这一点事实却极重要，因为假若我没有这样的一位母亲，我以为我恐怕也就要大大的打个折扣了。

母亲出嫁大概是很早，因为我的大姐现在已是六十多岁的老太婆，而我的大外甥女还长我一岁啊。我有三个哥哥，四个姐姐，但能长大成人的，只有大姐，二姐，三姐，三哥与我。我是“老”儿子。生我的时候，母亲已有四十一岁，大姐二姐已都出了阁。

由大姐与二姐所嫁入的家庭来推断，在我生下之前，我的家里，大概还马马虎虎的过得去。那时候定婚讲究门当户对，而大姐丈是作小官的，二姐丈也开过一间酒馆，他们都是相当体面的人。

可是，我，我给家庭带来了不幸：我生下来，母亲晕过去半夜，才睁眼看见她的老儿子——感谢大姐，把我揣在怀中，致未冻死。

一岁半，我把父亲“克”死了。兄不到十岁，三姐十二三岁，我才一岁半，全仗母亲独力抚养了。父亲的寡姐跟我们一块儿住，她吸鸦片，她喜摸纸牌，她的脾气极坏。为我们的衣食，母亲要给人家洗衣服，缝补或裁缝衣裳。在我的记忆中，她的手终年是鲜红微肿的。白天，她洗衣服，洗一两大绿瓦盆。她做事永远丝毫也不敷衍，就是屠户们送来的黑如铁的布袜，她也给洗得雪白。晚间，她与三姐抱着一盏油灯，还要缝补衣服，一直到半夜。她终年没有休息，可是在忙碌中她还把院子屋中收拾得清清爽爽。桌椅都是旧的，柜门的铜活久已残缺不全，可是她的手老使破桌面上没有尘土，残破的铜活发着光。院中，父亲遗留下的几盆石榴与夹竹桃，永远会得到应有的浇灌与爱护，年年夏天开许多花。

哥哥似乎没有同我玩耍过。有时候，他去读书；有时候，他去学徒；有时候，他也去卖花生或樱桃之类的小东西。母亲含着泪把他送走，不到两天，又含着泪接他回来。我不明白这都是什么事，而只觉得与他很生疏。与母亲相依为命的是我与三姐。因此，她们做事，我老在后面跟着。她们浇花，我也张罗着取水；她们扫地，我就撮土……从这里，我学得了爱花，爱清洁，守秩序。这些习惯至今还被我保存着。

有客人来，无论手中怎么窘，母亲也要设法弄一点东西去款待。舅父与表哥们往往是自己掏钱买酒肉食，这使她脸上羞得飞红，可是殷勤的给他们温酒作面，又给她一些喜悦。遇上亲友家中有喜丧事，母亲必把大褂洗得干干净净，亲自去贺吊——份礼也许只是两吊小钱。到如今如我的好客的习性，还未全改，尽管生活是这么清苦，因为自幼儿看惯了的事情是不易改掉的。

姑母常闹脾气。她单在鸡蛋里找骨头。她是我家中的阎王。直到我入了中学，她才死去，我可是没有看见母亲反抗过。“没受过婆婆的气，还不受大姑子的吗？命当如此！”母亲在非解释一下不足以平服别人的时候，才这样说。是的，命当如此。母亲活到老，穷到老，辛苦到老，全是命当如此。她最会吃亏。给亲友邻居帮忙，她总跑在前面：她会给婴儿洗三——穷朋友们可以因此少花一笔“请姥姥”钱——她会刮痧，她会给孩子们剃头，她会给少妇们绞脸……凡是她能做的，都有求必应。但是吵嘴打架，永远没有她。她宁吃亏，不斗气。当姑母死去的时候，母亲似乎把一世的委屈都哭了出来，一直哭到坟地。不知道哪里来的一位侄子，声称有承继权，母亲便一声不响，教他搬走那些破桌子烂板凳，而且把姑母养的一只肥母鸡也送给他。

可是，母亲并不软弱。父亲死在庚子闹“拳”的那一年。联军入城，挨家搜索财物鸡鸭，我们被搜两次。母亲拉着哥哥与三姐坐在墙根，等着“鬼子”进门，街门是开着的。“鬼子”进门，一刺刀先把老黄狗刺死，而后入室搜索。他们走后，母亲把破衣箱搬起，才发现了我。假若箱子不空，我早就被压死了。皇上跑了，丈夫死了，鬼子来了，满城是血光火焰，可是母亲不怕，她要在刺刀下，饥荒中，保护着儿女。北平有多少变乱啊，有时候兵变了，街市整条地烧起，火团落在我们院中。有时候内战了，城门紧闭，铺店关门，昼夜响着枪炮。这惊恐，这紧张，再加上一家饮食的筹划，儿女安全的顾虑，岂是一个软弱的老寡妇所能受得起的？可是，在这种时候，母亲的心横起来，她不慌不哭，要从无办法中想出办法来。她的泪会往心中落！这点软而硬的个性，也传给了我。我对一切人与事，都取和平的态度，把吃亏看作当然的。但是，在做人上，我有一定的宗旨与基本的法则，什么事都可将就，而不能超过自己划好的界限。我怕见生人，怕办杂事，怕出头露面；但是到了非我去不可的时候，我便不得不去，正像我的母亲。从私塾到小学，到中学，我经历过起码有廿位教师吧，其中有给我很大影响的，也有毫无影响的，但是我的真正的教师，把性格传给我的，是我的母亲。母亲并不识字，她给我的是生命的教育。

当我在小学毕了业的时候，亲友一致的愿意我去学手艺，好帮助母亲。我晓得我应当去找饭吃，以减轻母亲的勤劳困苦。可是，我也愿意升学。我偷偷地考入了师范学校——制服，饭食，书籍，宿处，都由学校供给。只有这样，我才敢对母亲提升学的话。入学，要交十元的保证金。这是一笔巨款！母亲作了半个月的难，把这巨款筹到，而后含泪把我送出门去。她不辞劳苦，只要儿子有出息。当我由师范毕业，而被派为小学校校长，母亲与我都一夜不曾合眼。我只说了句：“以后，您可以歇一歇了！”她的回答只有一串串的眼泪。我入学之后，三姐结了婚。母亲对儿女是都一样疼爱的，但是假若她也有点偏爱的话，她应当偏爱三姐，因为自父亲死后，家中一切的事情都是母亲和三姐共同撑持的。三姐是母亲的右手。但是母亲知道这右手必须割去，她不能为自己的便利而耽误了女儿的青春。当花轿来到我们的破门外的时候，母亲的手就和冰一样的凉，脸上没有血色——那是阴历四月，天气很暖。大家都怕她晕过去。可是，她挣扎着，咬着嘴唇，手扶着门框，看花轿徐徐地走去。不久，姑母死了。三姐已出嫁，哥哥不在家，我又住学校，家中只剩母亲自己。她还须自晓至晚的操作，可是终日没人和她说一句话。新年到了，正赶上政府倡用阳历，不许过旧年。除夕，我请了两小时的假。由拥挤不堪的街市回到清炉冷灶的家中。母亲笑了。及至听说我还须回校，她愣住了。半天，她才叹出一口气来。到我该走的时候，她递给我一些花生，“去吧，小子！”街上是那么热闹，我却什么也没看见，泪遮迷了我的眼。今天，泪又遮住了我的眼，又想起当日孤独地过那凄惨的除夕的慈母。可是慈母不会再候盼着我了，她已入了土！

儿女的生命是不依顺着父母所设下的轨道一直前进的，所以老人总免不了伤心。我廿三岁，母亲要我结了婚，我不要。我请来三姐给我说情，老母含泪点了头。我爱母亲，但是我给了她最大的打击。时代使我成为逆子。廿七岁，我上了英国。为了自己，我给六十多岁的老母以第二次打击。在她七十大寿的那一天，我还远在异域。那天，据姐姐们后来告诉我，老太太只喝了两口酒，很早的便睡下。她想念她的幼子，而不便说出来。

七七抗战后，我由济南逃出来。北平又像庚子那年似的被鬼子占据了，可是母亲日夜惦念的幼子却跑西南来。母亲怎样想念我，我可以想象得到，可是我不能回去。每逢接到家信，我总不敢马上拆看，我怕，怕，怕，怕有那不祥的消息。人，即使活到八九十岁，有母亲便可以多少还有点孩子气。失了慈母便像花插在瓶子里，虽然还有色有香，却失去了根。有母亲的人，心里是安定的。我怕，怕，怕家信中带来不好的消息，告诉我已是失了根的花草。

去年一年，我在家信中找不到关于老母的起居情况。我疑虑，害怕。我想象得到，如有不幸，家中念我流亡孤苦，或不忍相告。母亲的生日是在九月，我在八月半写去祝寿的信，算计着会在寿日之前到达。信中嘱咐千万把寿日的详情写来，使我不再疑虑。十二月二十六日，由文化劳军的大会上回来，我接到家信。我不敢拆读。就寝前，我拆开信，母亲已去世一年了！

生命是母亲给我的。我之能长大成人，是母亲的血汗灌养的。我之所以能成为一个不十分坏的人，是母亲感化的。我的性格、习惯，是母亲传给的。她一世未曾享过一天福，临死还吃的是粗粮。唉！还说什么呢？心痛！心痛！

【儿童节】

（一）今天，我们是初升的太阳

佚　名

今天，我们是幼嫩的小树；
明天，将茁壮成长，绿荫成行。
今天，我们是待放的花蕾；
明天，将花开满园，桃李芬芳。
今天，我们是潺潺的小溪；
明天，将汇成大河，汹涌奔放。
今天，我们是初升的太阳；
明天，将放出万丈光芒。
看，鲜艳的红领巾迎风飘扬；
听，前进的号角已经吹响；
好好学习，天天向上，
我们将是祖国的栋梁！

（二）我和小鸟和铃铛

［日］金子美铃

我张开双臂，
也不能在天空飞翔，
会飞的小鸟
却不能像我一样，
在大地上飞快地奔跑。

我摇晃身体，
也摇不出悦耳的声响，
可会响的铃铛
却不能像我那样，
会唱好多好多的歌曲。

铃铛、小鸟，还有我，
我们不一样，我们都很棒。

（三）傅雷家书（节选）

傅　雷

早预算新年中必可接到你的信。我们都当作等待什么礼物一般的等待着。果然昨天早上收到你来信，而且是多么可喜的消息。孩子！要是我们在会场上，一定会禁不住涕泗横流的。世界上最高的最纯洁的欢乐，莫过于欣赏艺术，更莫过于欣赏自己的孩子的手和心传达出来的艺术！其次，我们也因为你替祖国增光而快乐！更因为你能藉音乐而使多少人欢笑而快乐！想到你将来一定有更大的成就，没有止境的进步，为更多的人更广大的群众服务，鼓舞他们的心情，抚慰他们的创痛。我们真是心都要跳出来了！能够把不朽的大师的不朽的作品发扬光大，传布到地球上每一个角落去，真是多神圣，多光荣的使命！孩子，你太幸福了，天待你太厚了。我更高兴的更安慰的是：多少过分的谀词与夸奖，都没有使你丧失自知之明，众人的掌声，拥抱，名流的赞美，都没有减少你对艺术的谦卑！总算我的教育没有白费，你二十年的折磨没有白受！你能坚强（不为胜利冲昏了头脑是坚强的最好的证据），只要你能坚强，我就一辈子放了心！成就的大小、高低，是不在我们掌握之内的，一半靠人力，一半靠天赋，但只要坚强，就不怕失败，不怕挫折，不怕打击——不管是人事上的，生活上的，技术上的——打击；从此以后你可以孤军奋斗了。何况事实上有多少良师益友在周围帮助你，扶掖你。还加上古今的名著，时时刻刻给你精神上的养料！孩子，从今以后，你永远不会孤独的了，即使孤独也不怕的了！

“赤子之心”这句话，我也一直记住的。赤子便是不知道孤独的。赤子孤独了，会创造一个世界，创造许多心灵的朋友！永远保持赤子之心，到老也不会落伍，永远能够与普天下的赤子之心相接相契相抱！你那位朋友说得不错，艺术表现的动人，一定是从心灵的纯洁来的！不是纯洁到像明镜一般，怎能体会到前人的心灵？怎能打动听众的心灵？

音乐院长说你的演奏像流水，像河；更令我想到克里斯朵夫的象征。天舅舅说你小时候常以克里斯朵夫自命；而你的个性居然和罗曼·罗兰的理想有些相像了。河，莱茵，江声浩荡……钟声复起，天已黎明……中国正到了“复旦”的黎明时期，但愿你做中国的——新中国的——钟声，响遍世界，响遍每个人的心！滔滔不竭的流水，流到每个人的心坎里去，把大家都带着，跟你一块到无边无岸的音响的海洋中去吧！名闻世界的扬子江与黄河，比莱茵的气势还要大呢！……黄河之水天上来，奔流到海不复回！……无边落木萧萧下，不尽长江滚滚来！……有这种诗人灵魂的传统的民族，应该有气吞牛斗的表现才对。

你说常在矛盾与快乐之中，但我相信艺术家没有矛盾不会进步，不会演变，不会深入。有矛盾正是生机蓬勃的明证。眼前你感到的还不过是技巧与理想的矛盾，将来你还有反复不已更大的矛盾呢：形式与内容的枘凿，自己内心的许许多多不可预料的矛盾，都在前途等着你。别担心，解决一个矛盾，便是前进一步！矛盾是解决不完的，所以艺术没有止境，没有perfect（完美，十全十美）的一天，人生也没有perfect（完美，十全十美）的一天！唯其如此，才需要我们日以继夜，终生的追求、苦练；要不然大家做了羲皇上人，垂手而天下治，做人也太腻了！

【父亲节】

（一）假如我今生无缘遇到你

［印度］泰戈尔

假如我今生无缘遇到你，
就让我永远感到恨不相逢
——让我念念不忘，
让我在醒时梦中都怀带着这悲哀的苦痛。

当我的日子在世界的闹市中度过，
我的双手满捧着每日的赢利的时候，
让我永远觉得我是一无所获
—— 让我念念不忘，
让我在醒时梦中都怀带着这悲哀的苦痛。

当我坐在路边，疲乏喘息，
当我在尘土中铺设卧具，
让我永远记着前面还有悠悠的长路
—— 让我念念不忘，
让我在醒时梦中都怀带着这悲哀的苦痛。

当我的屋子装饰好了，箫笛吹起，
欢笑声喧的时候，
让我永远觉得我还没有请你光临
—— 让我念念不忘，
让我在醒时梦中都怀带着这悲哀的苦痛。

（二）爸爸的爱

佚 名

爸爸的爱藏在苍劲有力的大手里，
每当我摔倒时，
这双大手总是将我扶起。
爸爸的爱藏在默默的眼神里，
我的每一步成长，
总有一双眼睛在关注。
爸爸的爱藏在宽厚的胸怀里，
每当我伤心时，
他总是会给我一个温暖的拥抱；
爸爸没有更多的言语，
但却有着一颗火热的心。
我成功时，他是第一个微笑的人；
我失败时，他是第一个鼓励我的人。
在我的心中，
爸爸是一座巍峨的山，
再重的担子也压不弯他脊梁；
在我心中，
爸爸是一本无字的书，
这书我永远也读不完。
今天我要大声地呼唤，
爸爸，我爱你！

（三）献给爸爸

佚 名

父亲是条河，流转着岁月，诉说人世的沧桑；
父亲是片海，擎起了太阳，放飞天空的翅膀。
父亲，是一座巍峨的高山，
用他那坚实伟岸的身躯将我擎起，

坐在他肩头总能看得很远、很远。
父亲，是一架登天的长梯，
用他的高度帮我攀登梦想之巅。
父亲，是一条淙淙流淌的河流，
用他毕生的血液灌注我茁壮成长。
父亲，是一棵青翠的白杨，
用他的绿荫为我遮挡生命中的风雨。
父爱如山，深沉有力，为我遮挡狂风暴雨；
父爱如水，沉默温柔，为我抚平内心的伤痕。
父爱如日，温暖灿烂，为我照亮心灵的角落；
父爱如月，无闻淡雅，给予我希望的光芒。
父爱如歌，悠扬厚重，给予我生活的动力；
父爱如海，宽阔坦荡，包容我的无数过失。

（四）永远的憧憬和追求

萧　红

一九一一年，在一个小县城里边，我出生在一个地主家里。那县城差不多就是中国的最东最北部——黑龙江省——所以一年之中，倒有四个月飘着白雪。

父亲常常为着贪婪而失掉人性。他对待仆人，对待自己的儿女，以及对待我的祖父都是同样的吝啬而疏远，甚至于无情。

有一次，为着房屋租金的事情，父亲把房客的全套的马车赶了过来。房客的家属们哭着诉说着，向我的祖父跪了下来，于是祖父把两匹棕色的马从车上解下来还了回去。

为着这两匹马，父亲向祖父起着终夜的争吵。“两匹马，咱们是算不了什么的，穷人，这两匹马就是命根。”祖父这样说着，而父亲还是争吵。

九岁时，母亲死去。父亲也就更变了样，偶然打碎一只杯子，他就要骂到使人发抖的程度。后来就连父亲的眼睛也转了弯，每从他的身边经过，我就像自己的身上生了针刺一样；他斜视着你，他那高傲的眼光从鼻梁经过嘴角而后往下流着。

所以每每在大雪中的黄昏里，围着暖炉，围着祖父，听着祖父读着诗篇，看着祖父读着诗篇时微红的嘴唇。

父亲打了我的时候，我就在祖父的房里，一直面向着窗子，从黄昏到深夜——窗外的白雪，好像白棉花一样飘着；而暖炉上水壶的盖子，则像伴奏的乐器似的振动着。

祖父时时把多纹的两手放在我的肩上，而后又放在我的头上，我的耳边便响着这样的声音：

"快快长大吧！长大就好了。"

二十岁那年，我就逃出了父亲的家庭。直到现在还是过着流浪的生活。

"长大"是"长大"了，而没有"好"。

可是从祖父那里，知道了人生除了冰冷和憎恶而外，还有温暖和爱。

所以我就向这"温暖"和"爱"的方面怀着永久的憧憬和追求。

（五）背影

朱自清

我与父亲不相见已二年余了，我最不能忘记的是他的背影。

那年冬天，祖母死了，父亲的差使也交卸了，正是祸不单行的日子。我从北京到徐州，打算跟着父亲奔丧回家。到徐州见着父亲，看见满院狼藉的东西，又想起祖母，不禁簌簌地流下眼泪。父亲说，"事已如此，不必难过，好在天无绝人之路!"

回家变卖典质，父亲还了亏空；又借钱办了丧事。这些日子，家中光景很是惨淡，一半为了丧事，一半为了父亲赋闲。丧事完毕，父亲要到南京谋事，我也要回北京念书，我们便同行。

到南京时，有朋友约去游逛，勾留了一日；第二日上午便须渡江到浦口，下午上车北去。父亲因为事忙，本已说定不送我，叫旅馆里一个熟识的茶房陪我同去。他再三嘱咐茶房，甚是仔细。但他终于不放心，怕茶房不妥帖；颇踌躇了一会。其实我那年已二十岁，北京已来往过两三次，是没有什么要紧的了。他踌躇了一会，终于决定还是自己送我去。我再三劝他不必去；他只说："不要紧，他们去不好!"

我们过了江，进了车站。我买票，他忙着照看行李。行李太多了，得向脚夫行些小费才可过去。他便又忙着和他们讲价钱。我那时真是聪明过分，总觉他说话不大漂亮，非自己插嘴不可，但他终于讲定了价钱；就送我上车。他给我拣定了靠车门的一张椅子；我将他给我做的紫毛大衣铺好座位。他嘱我路上小心，夜里要警醒些，不要受凉。又嘱托茶房好好照应我。我心里暗笑他的迂；他们只认得钱，托他们只是白托！而且我这样大年纪的人，难道还不能料理自己么？唉，我现在想想，那时真是太聪明了！

我说道："爸爸，你走吧。"他往车外看了看说："我买几个橘子去。你就在此地，不要走动。”我看那边月台的栅栏外有几个卖东西的等着顾客。走到那边月台，须穿过铁道，须跳下去又爬上去。父亲是一个胖子，走过去自然要费事些。我本来要去的，他不肯，只好让他去。我看见他戴着黑布小帽，穿着黑布大马褂，深青布棉袍，蹒跚地走到铁道边，慢慢探身下去，尚不大难。可是他穿过铁道，要爬上那边月台，就不容易了。他用两手攀着上面，两脚再向上缩；他肥胖的身子向左微倾，显出努力的样子，这时我看见他的背影，我的泪很快地流下来了。我赶紧拭干了泪。怕他看见，也怕别人看见。我再向外看时，他已抱了朱红的橘子往回走了。过铁道时，他先将橘子散放在地上，自己慢慢爬下，再抱起橘子走。到这边时，我赶紧去搀他。他和我走到车上，将橘子一股脑儿放在我的皮大衣上。于是扑扑衣上的泥土，心里很轻松似的。过一会说：“我走了，到那边来信！”我望着他走出去。他走了几步，回过头看见我，说：“进去吧，里边没人。”等他的背影混入来来往往的人里，再找不着了，我便进来坐下，我的眼泪又来了。

近几年来，父亲和我都是东奔西走，家中光景是一日不如一日。他少年出外谋生，独力支持，做了许多大事。哪知老境却如此颓唐！他触目伤怀，自然情不能自已。情郁于中，自然要发之于外；家庭琐屑便往往触他之怒。他待我渐渐不同往日。但最近两年的不见，他终于忘却我的不好，只是惦记着我，惦记着我的儿子。我北来后，他写了一信给我，信中说道：“我身体平安，唯膀子疼痛厉害，举箸提笔，诸多不便，大约大去之期不远矣。”我读到此处，在晶莹的泪光中，又看见那肥胖的、青布棉袍黑布马褂的背影。唉！我不知何时再能与他相见！

【教师节】

（一）无题

（唐）李商隐

相见时难别亦难，东风无力百花残。
春蚕到死丝方尽，蜡炬成灰泪始干。
晓镜但愁云鬓改，夜吟应觉月光寒。
蓬山此去无多路，青鸟殷勤为探看。

（二）九月，属于老师

佚　名

当菊花悄然绽放的时候
我就想起

应该用它为我们的老师祝福
菊花静静地
绽放在民歌的深处
我们的老师，在这个季节里
将成为人们仰望的高度

九月，属于老师
在九月的高处
我们的老师手持着教鞭
以讲课的方式默默地行走
虽然说登上讲台
只有一步
但就是这一步
使三尺讲台
从此成了老师永远也走不完的路
四季在教室外
变换着不同的色彩
老师在讲台上
带领着我们遨游在知识的大海

九月，属于老师
老师，属于九月
我们对老师的爱
犹如一朵朵的菊花美丽地盛开
老师对我们的爱
恰似山林中那醉红的秋叶……
老师的一生
注定以那方黑色的夜空为背景
被许多渴求的眼睛
读成一种崇高和神圣
当老师静静地面对着夜空
从她的手指间

会为我们深情地闪射出
一串串童话般的梦

（三）教师的誓言

李　锦

即使比尘土还要微小
在人生路上奔波
我也有独立向前的勇气
一个未来的中国，存在我的梦里

种种的不朽，无数的完美
是我阳光下的事业
用这一生，我的信念我的铁骨
做理想的旗帜和人生的防火墙
在生活的天平上，称自己的重量
一个未来的中国，装在我的心里

时空变换，永不停歇
我传承五千年的精神
悲喜冷暖，人来人往
我传诵家国春秋的篇章
在心灵的深处，我永远做那束光
给大写的中国人，一个顶天立地的灵魂
教育，神圣的事业
老师，崇高的职业
育人，终身的使命
人的灵魂，国的未来，我要用心去塑造
走上三尺讲坛，接过那根教鞭
让教师的精神在我身上传递
教书育人，我愿为此付出一切
忠诚于党和人民的教育事业
用人格引领人格，用智慧点燃智慧

世上没有什么更好的誓言
我要看到一个最美好的中国

（原载于《光明日报》2011年9月11日第4版）

（四）我的老师（节选）

冰　心

算术补习完毕，一切难题，迎刃而解，代数同几何，我全是不费功夫地做着；我成了同学们崇拜的中心，有什么难题，他们都来请教我。因着T女士的关系，我对于算学真是心神贯注，竟有几个困难的习题，是在夜中苦想，梦里做出来的。我补完数学以后，母亲觉得对于T女士应有一点表示，她自己跑到福隆公司，买了一件很贵重的衣料，叫我送去。T女士却把礼物退了回来，她对我母亲说："我不是常替学生补习的，我不能要报酬。我因为觉得令爱别样功课都很好，只有数学差些，退一班未免太委屈她。她这样的赶，没有赶出毛病来，我已经是很高兴的了。"母亲不敢勉强她，只得作罢。有一天我在东安市场，碰见T女士也在那里买东西。看见摊上挂着的挖空的红萝卜里面种着新麦秧，她不住地夸赞那东西的巧雅，颜色的鲜明，可是因为手里东西太多，不能再拿，割爱了。等她走后，我不曾还价，赶紧买了一只萝卜，挑在手里回家。第二天一早又挑着那只红萝卜，按着狂跳的心，到她办公室去叩门。她正预备上课，开门看见我和我的礼物，不觉嫣然地笑了，立刻接了过去，挂在灯上，一面说："谢谢你，'你真是细心。"我红着脸出来，三步两跳跑到教室里，嘴角不自觉地唱着歌，那一整天我颇觉得有些飘飘然之感。

因为补习算术，我和她面对坐的时候很多，我做着算题，她也低头改卷子。在我抬头凝思的时候，往往注意到她的如云的头发，雪白的脖子，很长的低垂的睫毛和穿在她身上匀称大方的灰布衫，青裙子，心里渐渐生了说不出的敬慕和爱恋。在我偷看她的时候，有时她的眼光正和我的相接，出神地露着润白的牙齿向我一笑，我就要红起脸，低下头，心里乱半天，又喜欢，又难过，自己莫名其妙。

【国庆节】

（一）少年中国说（节选）

梁启超

故今日之责任，不在他人，而全在我少年。
少年智则国智，少年富则国富；
少年强则国强，少年独立则国独立；

少年自由则国自由；少年进步则国进步；
少年胜于欧洲，则国胜于欧洲；
少年雄于地球，则国雄于地球。
红日初升，其道大光。河出伏流，一泻汪洋。
潜龙腾渊，鳞爪飞扬。乳虎啸谷，百兽震惶。
鹰隼试翼，风尘吸张。奇花初胎，矞矞皇皇。
干将发硎，有作其芒。天戴其苍，地履其黄。
纵有千古，横有八荒。前途似海，来日方长。
美哉，我少年中国，与天不老！壮哉，我中国少年，与国无疆！

（二）我的祖国

佚　名

我的祖国，
我深深爱恋的祖国。
你是昂首高吭的雄鸡——唤醒拂晓的沉默，
你是冲天腾飞的巨龙——叱咤时代的风云。
你有一个神圣的名字，
那就是中国！
那就是中国啊，我的祖国。
我深深爱恋的祖国。
我深深地爱着我的祖国，
搏动的心脏跳动着五千年的脉搏。
我深深地爱着我的祖国，
涌动的血液奔腾着长江黄河的浪波，
可爱的祖国啊，
你把住新世纪的航舵，
你用速度，你用实力，
创造震惊世界的奇迹；
你用勤劳，你用智慧，
进行了又一次更加辉煌的开拓！
祖国啊，祖国，
你永远充满希望，

祖国啊，祖国，
你永远朝气蓬勃！

（三）光的赞歌（节选）

艾 青

我们的祖先是光荣的
他们为我们开辟了道路
沿途留下了深深的足迹
每个足迹里都有血迹

现在我们正开始新的长征
这个长征不只是二万五千里的路程
我们要逾越的也不只是十万大山
我们要攀登的也不只是千里岷山
我们要夺取的也不只是金沙江、大渡河
我们要抢渡的是更多更险的渡口
我们在攀登中将要遇到更大的风雪、更多的冰川……

但是光在召唤我们前进
光在鼓舞我们、激励我们
光给我们送来了新时代的黎明
我们的人民从四面八方高歌猛进

让信心和勇敢伴随着我们
武装我们的是最美好的理想
我们是和最先进的阶级在一起
我们的心胸燃烧着希望
我们前进的道路铺满阳光

让我们的每个日子
　都像飞轮似的旋转起来
让我们的生命发出最大的能量

让我们像从地核里释放出来的能
　极大地撑开光的翅膀
　在无限广阔的宇宙中飞翔

让我们以最高的速度飞翔吧
让我们以大无畏的精神飞翔吧
让我们从今天出发飞向明天
让我们把每个日子都当作新的起点

或许有一天，总有一天
我们这个古老的民族
我们最勇敢的阶级
将接受光的邀请
去叩开那些紧闭的大门
访问我们所有的芳邻

让我们从地球出发
飞向太阳……

（四）秋深了

闻一多

秋深了，人病了。
人敌不住秋了；
镇日拥着件大氅，
像只煨灶的猫，
蜷在摇椅上摇……摇……摇……
想着祖国，
想着家庭，
想着母校，
想着故人，
想着不胜想，不堪想的胜境良朝。

春底荣华逝了，
夏底荣华逝了；
秋在对面嵌白框窗子的
金字塔似的木板房子檐下，
抱着香黄色的破头帕，
追想春夏已逝的荣华；
想得伤心时，
飒飒地洒下几点黄金泪。

啊！秋是追想底时期！
秋是堕泪底时期！

（五）可爱的中国（节选）

方志敏

朋友！中国是生育我们的母亲。你们觉得这位母亲可爱吗？我想你们是和我一样的见解，都觉得这位母亲是蛮可爱蛮可爱的。以言气候，中国处于温带，不十分热，也不十分冷，好像我们母亲的体温，不高不低，最适宜于孩儿们的偎依。

母亲！美丽的母亲，可爱的母亲，只因你受着人家的压榨和剥削，弄成贫穷已极；不但不能买一件新的好看的衣服，把自己装饰起来；甚至不能买块香皂将你全身洗擦洗擦。这真是我们做孩子们的不是了，简直连一位母亲都爱护不住！

不错，目前的中国，固然是江山破碎，国弊民穷，但我们相信，中国一定有个可赞美的光明前途。中国民族在很早以前，就造起了一座万里长城和开凿了几千里的运河，这就证明中国民族伟大无比的创造力！中国在战斗之中一旦斩去了帝国主义的锁链，肃清自己阵线内的汉奸卖国贼，得到了自由与解放，那么这种创造力，将会无限地发挥出来。到那时，所有贫穷和饥荒，混乱和仇杀，饥饿和寒冷，疾病和瘟疫，迷信和愚昧，以及那慢性的杀灭中国民族的鸦片毒物，这些等等都是帝国主义带给我们可憎的赠品，将来也要随着帝国主义的赶走而离去中国了。

朋友，我相信，到那时到处都是活跃的创造，到处都是日新月异的进步。欢歌将代替了悲哀，笑脸将代替了哭脸，富裕将代替了贫穷，康健将代替了疾病，智慧将代替了愚昧，友爱将代替了仇杀，生之快乐将代替死之悲哀，明媚的花园将代替凄凉的荒地！

这时，我们的民族就可以无愧色地立在人类的面前，而生育我们的母亲，也会被最美丽地装饰起来，与世界上各位母亲平等的携手了。

这么光荣的一天，决不在辽远的将来，而在很近的将来，我们可以这样相信的，朋友！

不过，现在我是一个待决之囚呀！我虽然不能实际地为中国奋斗，为中国民族奋斗，但我的心总是日夜祷祝着中国民族在帝国主义羁绊之下解放出来之早日成功！假如我还能生存，那我生存一天就要为中国呼喊一天；假如我不能生存——死了，我流血的地方，或者我瘗骨的地方，或许会长出一朵可爱的花来，那朵花你们就看作是我的精诚的寄托吧！

在微风的吹拂中，如果那朵花是上下点头，那就可视为我对于为中国民族解放奋斗的爱国志士们在致以热诚的敬礼；如果那朵花是左右摇摆，那就可视为我在提劲儿唱着革命之歌，鼓励战士们前进啦！

亲爱的朋友们，不要悲观，不要畏馁，要奋斗！要持久地、艰苦地奋斗吧！

第三节　二十四节气朗读推荐篇目

二十四节气歌

春雨惊春清谷天，夏满芒夏暑相连。

秋处露秋寒霜降，冬雪雪冬小大寒。

上半年逢六廿一，下半年逢八廿三。

每月两节日期定，最多相差一二天。

（一）立春

立春，俗称“打春”，二十四节气之第一节气。我国古代将立春的十五天分为三候：“一候东风解冻，二候蛰虫始振，三候鱼陟负冰。”立春这天“阳和起蛰，品物皆春”，过了立春，万物复苏，生机勃勃，一年四季从此开始了。我国古人向有立春咏诗的传统。

立春偶成

（宋）张　栻

律回岁晚冰霜少，春到人间草木知。

便觉眼前生意满，东风吹水绿参差。

立春日感怀

（明）于 谦

年去年来白发新，匆匆马上又逢春。
关河底事空留客？岁月无情不贷人。
一寸丹心图报国，两行清泪为思亲。
孤怀激烈难消遣，漫把金盘簇五辛。

汉宫春·立春日

（宋）辛弃疾

春已归来，看美人头上，袅袅春幡。
无端风雨，未肯收尽余寒。
年时燕子，料今宵、梦到西园。
浑未办、黄柑荐酒，更传青韭堆盘。

却笑东风，从此便薰梅染柳，更没些闲。
闲时又来镜里，转变朱颜。
清愁不断，问何人、会解连环？
生怕见、花开花落，朝来塞雁先还。

立　春

（唐）韦 庄

青帝东来日驭迟，暖烟轻逐晓风吹。
罽袍公子樽前觉，锦帐佳人梦里知。
雪圃乍开红菜甲，彩幡新翦绿杨丝。
殷勤为作宜春曲，题向花笺帖绣楣。

立　春

（唐）杜 甫

春日春盘细生菜，忽忆两京梅发时。
盘出高门行白玉，菜传纤手送青丝。
巫峡寒江那对眼，杜陵远客不胜悲。
此身未知归定处，呼儿觅纸一题诗。

（二）雨水

雨水，农历二十四节气中的第二个节气。好雨知时节，当春乃发生。这一天，太阳黄经到达330度，此时气温回升，冰雪消融，降水逐渐增多，故而称为雨水。《月令七十二侯集解》中写道："水，正月中。天一生水，春始属木，然生木者，必水也，故立春后继之雨水。且东风既解冻，则散而为雨矣。"

初春小雨

（唐）韩　愈

天街小雨润如酥，草色遥看近却无。
最是一年春好处，绝胜烟柳满皇都。

夜雨寄北

（唐）李商隐

君问归期未有期，巴山夜雨涨秋池。
何当共剪西窗烛，却话巴山夜雨时。

春夜喜雨

（唐）杜　甫

好雨知时节，当春乃发生。
随风潜入夜，润物细无声。
野径云俱黑，江船火独明。
晓看红湿处，花重锦官城。

临安春雨初霁

（宋）陆　游

世味年来薄似纱，谁令骑马客京华？
小楼一夜听春雨，深巷明朝卖杏花。
矮纸斜行闲作草，晴窗细乳戏分茶。
素衣莫起风尘叹，犹及清明可到家。

绝　句

（宋）僧志南

古木阴中系短篷，杖藜扶我过桥东。

沾衣欲湿杏花雨，吹面不寒杨柳风。

（三）惊蛰

惊蛰，古称“启蛰”，是二十四节气中的第三个节气，标志着仲春时节的开始；太阳到达黄经345°时。《月令七十二候集解》：“二月节……万物出乎震，震为雷，故曰惊蛰，是蛰虫惊而出走矣。”

闻　雷

（唐）白居易

瘴地风霜早，温天气候催。

穷冬不见雪，正月已闻雷。

震蛰虫蛇出，惊枯草木开。

空余客方寸，依旧似寒灰。

有怀正仲还雁峰诗

（宋）舒岳祥

松声夜半如倾瀑，忆坐西斋共不眠。

一鼓轻雷惊蛰后，细筛微雨落梅天。

临流欲渡还休笑，送客归来始惘然。

掩卷有谁知此意，一窗新绿待啼鹃。

骤　雨

（宋）陆文圭

绛帐虚堂设，檐牙雨骤倾。

已过惊蛰日，未听候虫声。

向晚飞蚊出，偏工傍耳鸣。

山灵戏穷士，邀喝夜相迎。

春晴泛舟

（宋）陆　游

儿童莫笑是陈人，湖海春回发兴新。
雷动风行惊蛰户，天开地辟转鸿钧。
鳞鳞江色涨石黛，嫋嫋柳丝摇麴尘。
欲上兰亭却回棹，笑谈终觉愧清真。

春雨早雷

（唐）张说

东北春风至，飘飘带雨来。
拂黄先变柳，点素早惊梅。
树蔼悬书阁，烟含作赋台。
河鱼未上冻，江蛰已闻雷。
美人宵梦著，金屏曙不开。
无缘一启齿，空酌万年杯。

（四）春分

春分，是春季九十天的中分点，二十四节气中的第四个节气，每年公历大约在3月20日左右。《月令七十二候集解》："二月中，分者半也，此当九十日之半，故谓之分。秋同义。"《春秋繁露·阴阳出入上下篇》说："春分者，阴阳相半也，故昼夜均而寒暑平。"

春　分　日

（唐）徐　铉

仲春初四日，春色正中分。
绿野徘徊月，晴天断续云。
燕飞犹个个，花落已纷纷。
思妇高楼晚，歌声不可闻。

春日田家

（清）宋　琬

野田黄雀自为群，山叟相过话旧闻。
夜半饭牛呼妇起，明朝种树是春分。

春分与诸公同宴呈陆三十四郎中

（唐）武元衡

南国宴佳宾，交情老倍亲。
月惭红烛泪，花笑白头人。
宝瑟常馀怨，琼枝不让春。
更闻歌子夜，桃李艳妆新。

隋堤柳

（唐）翁承赞

春半烟深汴水东，黄金丝软不胜风。
轻笼行殿迷天子，抛掷长安似梦中。

村　行

（唐）杜　牧

春半南阳西，柔桑过村坞。
袅袅垂柳风，点点回塘雨。
蓑唱牧牛儿，篱窥茜裙女。
半湿解征衫，主人馈鸡黍。

（五）清明

在二十四个节气中，既是节气又是节日的只有清明。清明节的名称与此时天气物候的特点有关。西汉时期的《淮南子·天文训》中说："春分后十五日，北斗星柄指向乙位，则清明风至。""清明风"即清爽明净之风。《岁时百问》则说："万物生长此时，皆清洁而明净，故谓之清明。"

蝶恋花

（宋）晏　殊

六曲阑干偎碧树，
杨柳风轻，展尽黄金缕。
谁把钿筝移玉柱，穿帘海燕双飞去。

满眼游丝兼落絮，
红杏开时，一霎清明雨。
浓睡觉来莺乱语，惊残好梦无寻处。

清　明

（宋）黄庭坚

佳节清明桃李笑，野田荒冢自生愁。
雷惊天地龙蛇蛰，雨足郊原草木柔。
人乞祭余骄妾妇，士甘焚死不公侯。
贤愚千载知谁是，满眼蓬蒿共一丘。

清明夜

（唐）白居易

好风胧月清明夜，碧砌红轩刺史家。
独绕回廊行复歇，遥听弦管暗看花。

阊门即事

（唐）张　继

耕夫召募爱楼船，春草青青万顷田；
试上吴门窥郡郭，清明几处有新烟。

清明即事

（唐）孟浩然

帝里重清明，人心自愁思。
车声上路合，柳色东城翠。

花落草齐生，莺飞蝶双戏。
空堂坐相忆，酌茗聊代醉。

（六）谷雨

谷雨是“雨生百谷”的意思，是二十四节气中的第六个节气。《月令七十二候集解》中说，“三月中，自雨水后，土膏脉动，今又雨其谷于水也……盖谷以此时播种，自下而上也”，故此得名。谷雨时节，南方地区“杨花落尽子规啼”，柳絮飞落，杜鹃夜啼，牡丹吐蕊，樱桃红熟，自然景物告示人们：时至暮春了。

谷　雨

（清）郑板桥

不风不雨正晴和，翠竹亭亭好节柯。
最爱晚凉佳客至，一壶新茗泡松萝。
几枝新叶萧萧竹，数笔横皴淡淡山。
正好清明连谷雨，一杯香茗坐其间。

与崔二十一游镜湖寄包、贺二公

（唐）孟浩然

试览镜湖物，中流到底清。
不知鲈鱼味，但识鸥鸟情。
帆得樵风送，春逢谷雨晴。
将探夏禹穴，稍背越王城。
府掾有包子，文章推贺生。
沧浪醉后唱，因此寄同声。

题伍彬屋壁

（唐）廖　融

圆塘绿水平，鱼跃紫莼生。
要路贫无力，深村老退耕。
犊随原草远，蛙傍堑篱鸣。
拨棹茶川去，初逢谷雨晴。

谢中上人寄茶

（唐）齐　己

春山谷雨前，并手摘芳烟。
绿嫩难盈笼，清和易晚天。
且招邻院客，试煮落花泉。
地远劳相寄，无来又隔年。

谷　雨

（明）方太古

春事阑珊酒病瘳，山家谷雨早茶收。
花前细细风双蝶，林外时时雨一鸠。
碧海丹丘无鹤驾，绿蓑青笠有渔舟。
尘埃漫笑浮生梦，岘首于今薄试游。

（七）立夏

每年5月5日或6日，太阳到达黄经45°为“立夏”节气，是二十四节气中的第七个节气。《月令七十二候集解》中说：“立，建始也；夏，假也，物至此时皆假大也。”这里的“假”，即“大”的意思，是说春天播种的植物已经长大了。

山亭夏日

（唐）高　骈

绿树阴浓夏日长，楼台倒影入池塘。
水精帘动微风起，满架蔷薇一院香。

暑旱苦热

（宋）王　令

清风无力屠得热，落日着翅飞上山。
人固已惧江海竭，天岂不惜河汉干。
昆仑之高有积雪，蓬莱之远常遗寒。
不能手提天下往，何忍身去游其间。

纳　凉

（宋）秦　观

携杖来追柳外凉，画桥南畔倚胡床。

月明船笛参差起，风定池莲自在香。

夏夜追凉

（宋）杨万里

夜热依然午热同，开门小立月明中。

竹深树密虫鸣处，时有微凉不是风。

夏日南亭怀辛大

（唐）孟浩然

山光忽西落，池月渐东上。

散发乘夕凉，开轩卧闲敞。

荷风送香气，竹露滴清响。

欲取鸣琴弹，恨无知音赏。

感此怀故人，中宵劳梦想。

（八）小满

小满是二十四节气中的第八个节气，夏季的第二个节气。每年5月20日到22日之间，太阳到达黄经60°时，为小满。《月令七十二候集解》：“四月中，小满者，物致于此小得盈满。”这时全国北方地区麦类等夏熟作物籽粒已开始饱满，但还没有成熟，约相当乳熟后期，所以叫小满。

小　满

（宋）欧阳修

夜莺啼绿柳，皓月醒长空。

最爱垄头麦，迎风笑落红。

归田园四时乐春夏二首·其二

（宋）欧阳修

南风原头吹百草，草木从深茅舍小。
麦穗初齐稚子娇，桑叶正肥蚕食饱。
老翁但喜岁年熟，饷妇安知时节好。
野棠梨密啼晚莺，海石榴红啭山鸟。
田家此乐知者谁？我独知之归不早。
乞身当及强健时，顾我蹉跎已衰老。

缫　车

（宋）邵　定

缫作缫车急急作，
东家煮茧玉满镬，西家卷丝雪满籰。
汝家蚕迟犹未箔，小满已过枣花落。
夏叶食多银瓮薄，待得女缫渠已着。
懒归儿，听禽言，
一步落人后，百步输人先。
秋风寒，衣衫单。

晨　征

（宋）巩　丰

静观群动亦劳哉，岂独吾为旅食催。
鸡唱未圆天已晓，蛙鸣初散雨还来。
清和入序殊无暑，小满先时政有雷。
酒贱茶饶新面熟，不妨乘兴且徘徊。

遣　兴

（宋）王之道

步屧随儿辈，临池得凭栏。
久阴东虹断，小满北风寒。
点水荷三叠，依墙竹数竿。
乍晴何所喜，云际远山攒。

（九）芒种

芒种，是麦类等有芒作物成熟的意思，是二十四节气中的第九个节气。每年的6月5日左右，太阳到达黄经75°时为芒种。《月令七十二候集解》：“五月节，谓有芒之种谷可稼种矣。”意指大麦、小麦等有芒作物种子已经成熟，抢收十分急迫。晚谷、黍、稷等夏播作物也正是播种最忙的季节，故又称“芒种”。

时　雨

（宋）陆　游

时雨及芒种，四野皆插秧。
家家麦饭美，处处菱歌长。
老我成惰农，永日付竹床。
衰发短不栉，爱此一雨凉。
庭木集奇声，架藤发幽香。
莺衣湿不去，劝我持一觞。
即今幸无事，际海皆农桑。
野老固不穷，击壤歌虞唐。

梅雨五绝

（宋）范成大

梅雨暂收斜照明，去年无此一日晴。
忽思城东黄篾舫，卧听打鼓踏车声。

伊犁记事诗

（清）洪亮吉

芒种才过雪不霁，伊犁河外草初肥。
生驹步步行难稳，恐有蛇从鼻观飞。

约　客

（宋）赵师秀

黄梅时节家家雨，青草池塘处处蛙。
有约不来过夜半，闲敲棋子落灯花。

北固晚眺

（唐）窦　常

水国芒种后，梅天风雨凉。

露蚕开晚簇，江燕绕危樯。

山趾北来固，潮头西去长。

年年此登眺，人事几销亡。

（十）夏至

夏至是二十四节气中最早被确定的一个节气。公元前7世纪，先人采用土圭测日影，就确定了夏至。每年阳历6月21日或22日，为夏至日。据《恪遵宪度抄本》：“日北至，日长之至，日影短至，故曰夏至。至者，极也。”

夏至日作

（唐）权德舆

璿枢无停运，四序相错行。

寄言赫曦景，今日一阴生。

夏至后初暑登连天观

（宋）杨万里

登台长早下台迟，移遍胡床无处移。

不是清凉罢挥扇，自缘手倦歇些时。

夏　至

（宋）范成大

李核垂腰祝饐，粽丝系臂扶羸。

节物竞随乡俗，老翁闲伴儿嬉。

竹　枝　词

（唐）刘禹锡

杨柳青青江水平，闻郎江上踏歌声。

东边日出西边雨，道是无晴却有晴。

夏至后得雨

（宋）苏　辙

天惟不穷人，旱甚雨辄至。
麦乾春泽匝，禾槁夏雷坠。
一年失二雨，廪实真不继。
我穷本人穷，得饱天所畀。
夺禄十五年，有田颍川涘。
躬耕力不足，分获中自愧。
余功治室庐，弃积沾狗彘。
久养无用身，未识彼天意。

（十一）小暑

小暑是二十四节气中的第十一个节气，每年7月7日或8日太阳到达黄经105°时为小暑。《月令七十二候集解》：“六月节……暑，热也，就热之中分为大小，月初为小，月中为大，今则热气犹小也。”暑，表示炎热的意思，古人认为小暑期间，还不是一年中最热的时候，故称为“小暑”。

夏日对雨寄朱放拾遗

（唐）武元衡

才非谷永传，无意谒王侯。
小暑金将伏，微凉梦正秋。
远山依枕见，暮雨闭门愁。
更忆东林寺，诗家第一流。

消　暑

（唐）白居易

何以消烦暑？端坐一院中。
眼前无长物，窗下有清风。
散热由心静，凉生为室空。
此时身自得，难更与人同。

纳　凉

（宋）秦　观

携杖来追柳外凉，画桥南畔倚胡床。

月明船笛参差起，风定池莲自在香。

苦　热

（宋）陆　游

万瓦鳞鳞若火龙，日车不动汗珠融。

无因羽翮氛埃外，坐觉蒸炊釜甑中。

石涧寒泉空有梦，冰壶团扇欲无功。

余威向晚犹堪畏，浴罢斜阳满野红。

夏夜追凉

（宋）杨万里

夜热依然午热同，开门小立月明中。

竹深树密虫鸣处，时有微凉不是风。

（十二）大暑

大暑是二十四节气中的第十二个节气，“大暑”与“小暑”一样，都是反映夏季炎热程度的节令，“大暑”表示炎热至极。《月令七十二候集解》：“六月中，……暑，热也，就热之中分为大小，月初为小，月中为大，今则热气犹大也。”我国古代将大暑分为三候：“一候腐草为萤；二候土润溽暑；三候大雨时行。”

大　热

（宋）戴复古

天地一大窑，阳炭烹六月。

万物此陶熔，人何怨炎热？

君看百谷秋，亦自暑中结。

田水沸如汤，背汗湿如泼。

农夫方夏耘，安坐吾敢食？

暮热游荷花池上

（宋）杨万里

细草摇头忽报侬，披襟拦得一西风。

荷花入暮犹愁热，低面深藏碧伞中。

大　暑

（宋）曾　几

赤日几时过，清风无处寻。

经书聊枕籍，瓜李漫浮沉。

兰若静复静，茅茨深又深。

炎蒸乃如许，那更惜分阴。

六月十八日夜大暑

（宋）司马光

老柳蜩螗噪，荒庭熠燿流。

人情正苦暑，物怎已惊秋。

月下濯寒水，风前梳白头。

如何夜半客，束带谒公侯。

（十三）立秋

立秋是二十四节气中的第十三个节气。“立”是开始的意思，“秋”是指庄稼成熟的时期。立秋表示暑去凉来，秋天开始之意。据《月令七十二候集解》：“秋，揪也，物于此而揪敛也。”立秋不仅预示着炎热的夏天即将过去，秋天即将来临，也表示草木开始结果孕子，收获季节到了。

立　秋

（宋）刘　翰

乳鸦啼散玉屏空，一枕新凉一扇风。

睡起秋色无觅处，满阶梧叶月明中。

立　秋

（宋）范成大

三伏熏蒸四大愁，暑中方信此生浮。

岁华过半休惆怅，且对西风贺立秋。

立秋日闻蝉

（宋）杨万里

老火薰人欲破头，唤秋不到得人愁。

夜来一雨将秋至，今晚蝉声始报秋。

连　夜　书

（宋）方　回

独倚西楼夜渐深，下弦月欲近觜参。

立秋是日微微雨，病暑衰翁稍慰心。

暮热游荷池上五首

（宋）杨万里

也不多时便立秋，寄声残暑速拘收。

瘦蝉有得许多气，吟落斜阳未肯休。

（十四）处暑

处暑是二十四节气中的第十四个节气。“处暑”表示炎热暑天结束了。《月令七十二候集解》说：“处，去也，暑气至此而止矣。”“处”是终止的意思，表示炎热即将过去，暑气将于这一天结束。

七月二十四日山中已寒二十九日处暑

（宋）张　嵲

尘世未徂暑，山中今授衣。

露蝉声渐咽，秋日景初微。

四海犹多垒，余生久息机。

漂流空老大，万事与心违。

处暑后风雨

（宋）仇　远

疾风驱急雨，残暑扫除空。
因识炎凉态，都来顷刻中。
纸窗嫌有隙，纨扇笑无功。
儿读秋声赋，令人忆醉翁。

早秋曲江感怀

（唐）白居易

离离暑云散，袅袅凉风起。
池上秋又来，荷花半成子。
朱颜易销歇，白日无穷已。
人寿不如山，年光急于水。
青芜与红蓼，岁岁秋相似。
去岁此悲秋，今秋复来此。

闲　适

（宋）陆　游

四时俱可喜，最好新秋时，
柴门傍野水，邻叟闲相期。

七 夕 处 暑

（清）胤　禛

天上双星合，人间处暑秋。
稿成今夕会，泪洒隅年愁。
梧叶风吹落，璇霄火正流。
将陈瓜叶宴，指影拜牵牛。

（十五）白露

白露是二十四节气中的第十五个节气。“白露”是反映自然界气温变化的节令。露是“白露”节气后特有的一种自然现象。此时的天气，正如《礼记》中所云的：

“凉风至，白露降，寒蝉鸣。”《月令七十二候集解》说：“水土湿气凝而为露，秋属金，金色白，白者露之色，而气始寒也”。

蒹　葭

《诗经》

蒹葭苍苍，白露为霜。所谓伊人，在水一方。溯洄从之，道阻且长。溯游从之，宛在水中央。

蒹葭萋萋，白露未晞。所谓伊人，在水之湄。溯洄从之，道阻且跻。溯游从之，宛在水中坻。

蒹葭采采，白露未已。所谓伊人，在水之涘。溯洄从之，道阻且右。溯游从之，宛在水中沚。

南湖晚秋

（唐）白居易

八月白露降，湖中水芳老。
旦夕秋风多，衰荷半倾倒。
手攀青枫树，足蹋黄芦草。
惨淡老容颜，冷落秋怀抱。
有兄在淮楚，有弟在蜀道。
万里何时来？烟波白浩浩。

杂　诗

（西晋）左　思

秋风何冽冽，白露为朝霜。
柔条旦夕劲，绿叶日夜黄。
明月出云崖，皦皦流素光。
披轩临前庭，嗷嗷晨雁翔。
高志局四海，块然守空堂。
壮齿不恒居，岁暮常慨慷。

情　诗

（三国）曹　植

微阴翳阳景，清风飘我衣。
游鱼潜渌水，翔鸟薄天飞。
眇眇客行士，徭役不得归。
始出严霜结，今来白露晞。
游者叹黍离，处者歌式微。
慷慨对嘉宾，凄怆内伤悲。

白　露

（唐）杜　甫

白露团甘子，清晨散马蹄。
圃开连石树，船渡入江溪。
凭几看鱼乐，回鞭急鸟栖。
渐知秋实美，幽径恐多蹊。

（十六）秋分

秋风是二十四节气中的第十六个节气。按《春秋繁露·阴阳出入上下篇》云：“秋分者，阴阳相伴也，故昼夜均而寒暑平。”我国古代将秋分分为三候：“一候雷始收声；二候蛰虫坯户；三候水始涸。”

晚　晴

（唐）杜　甫

返照斜初彻，浮云薄未归。
江虹明远饮，峡雨落馀飞。
凫雁终高去，熊罴觉自肥。
秋分客尚在，竹露夕微微。

次韵子我秋分一首

（宋）刘一止

山中秋已半，蓬荜晏方开。
不听夜虫话，焉知节物来。
紫珠犹卧穗，青蕊未浮杯。
欲射系书雁，非关烹不才。

八月十五日秋分是日又社

（宋）刘　攽

秋分当月半，望魄复宵中。
难得良辰并，仍将吉戊同。
高楼连卜夜，浊酒任治聋。
注想乘槎客，何如击壤翁。

秋分后顿凄冷有感

（宋）陆　游

今年秋气早，木落不待黄。
蟋蟀当在宇，遽已近我床。
况我老当逝，且复小彷徉。
岂无一樽酒，亦有书在傍。
饮酒读古书，慨然想黄唐。
耄矣狂未除，谁能药膏肓。

秋分后十日得暴雨

（宋）曹彦约

负固骄阳不忍回，执迷凉意误惊猜。
倾盆雨势疑飞瀑，揭地风声敌迅雷。
阶下决明添意气，庭前甘菊胜胚胎。
可怜岁事今如此，麦垄蔬畦尚可培。

（十七）寒露

寒露是二十四节气中的第十七个节气。“寒露”的意思是此时期的气温比“白露”时更低，地面的露水更冷，快要凝结成霜了。《月令七十二候集解》：“九月节，露气寒冷，将凝结也。”我国古代将寒露分为三候：“一候鸿雁来宾；二候雀人大水为蛤；三候菊有黄华。”

池　上

（唐）白居易

袅袅凉风动，凄凄寒露零。
兰衰花始白，荷破叶犹青。
独立栖沙鹤，双飞照水萤。
若为寥落境，仍值酒初醒。

月夜梧桐叶上见寒露

（唐）戴　察

萧疏桐叶上，月白露初团。
滴沥清光满，荧煌素彩寒。
风摇愁玉坠，枝动惜珠干。
气冷疑秋晚，声微觉夜阑。
凝空流欲遍，润物净宜看。
莫厌窥临倦，将晞聚更难。

思远人·红叶黄花秋意晚

（宋）晏几道

红叶黄花秋意晚，千里念行客。飞云过尽，归鸿无信，何处寄书得？
泪弹不尽临窗滴。就砚旋研墨。渐写到别来，此情深处，红笺为无色。

菊　花

（唐）元　稹

秋丛绕舍似陶家，遍绕篱边日渐斜。
不是花中偏爱菊，此花开尽更无花。

九月十日即事

（唐）李 白

昨日登高罢，今朝更举觞。

菊花何太苦，遭此两重阳？

（十八）霜降

霜降是二十四节气中的第十八个节气。《月令七十二候集解》关于霜降说：“九月中，气肃而凝，露结为霜矣。”古籍《二十四节气解》中说：“气肃而霜降，阴始凝也。”可见“霜降”表示天气逐渐变冷，露水凝结成霜。我国古代将霜降分为三候：“一候豺乃祭兽；二候草木黄落；三候蛰虫咸俯。”

岁 晚

（唐）白居易

霜降水返壑，风落木归山。

冉冉岁将宴，物皆复本源。

何此南迁客，五年独未还？

命屯分已定，日久心弥安。

亦尝心与口，静念私自言：

去国固非乐，归乡未必欢。

何须自生苦，舍易求其难？

秋怀奉寄朱补阙

（唐）武元衡

上苑繁霜降，骚人起恨初。白云深陋巷，衰草遍闲居。

暮色秋烟重，寒声牖叶虚。潘生秋思苦，陶令世情疏。

已制归田赋，犹陈谏猎书。不知青琐客，投分竟何如。

赋得九月尽

（唐）元 稹

霜降三旬后，蓂余一叶秋。

玄阴迎落日，凉魄尽残钩。

半夜灰移琯，明朝帝御裘。
潘安过今夕，休咏赋中愁。

九日登李明府北楼

（唐）刘长卿

九日登高望，苍苍远树低。人烟湖草里，山翠县楼西。
霜降鸿声切，秋深客思迷。无劳白衣酒，陶令自相携。

山中晓兴

（唐）元季川

河汉降玄霜，昨来节物殊。
愧无神仙姿，岂有阴阳俱。
灵鸟望不见，慨然悲高梧。
华叶随风扬，珍条杂榛芜。
为君寒谷吟，叹息知何如。

（十九）立冬

立冬是二十四节气中的第十九个节气。《月令七十二候集解》说，“立，建始也”，又说，“冬，终也，万物收藏也”。意思是说秋季作物全部收晒完毕，收藏入库，动物也已藏起来准备冬眠。完整地说，立冬是表示冬季开始，万物收藏，归避寒冷的意思。

立　冬

（唐）李　白

冻笔新诗懒写，寒炉美酒时温。
醉看墨花月白，恍疑雪满前村。

立冬即事二首

（宋）仇　远

细雨生寒未有霜，庭前木叶半青黄。
小春此去无多日，何处梅花一绽香。

立冬日野外行吟

（宋）释文珦

吟行不惮遥，风景尽堪抄。
天水清相入，秋冬气始交。
饮虹消海曲，宿雁下塘坳。
归去须乘月，松门许夜敲。

立冬日作

（明）刘　基

忽见桃花出小红，因惊十月起温风。
岁功不得归颛顼，冬令何堪付祝融。
未有星辰能好雨，转添云气漫成虹。
虾蟆蛱蝶偏如意，旦夕蜚鸣白露丛。

问刘十九

（唐）白居易

绿蚁新醅酒，红泥小火炉。
晚来天欲雪，能饮一杯无？

（二十）小雪

小雪是二十四节气中的第二十个节气。古籍《群芳谱》中说：“小雪气寒而将雪矣，地寒未甚而雪未大也。”《月令七十二候集解》有曰：“十月中，雨下而为寒气所薄，故凝而为雪。小者未盛之辞。”

小　雪

（唐）戴叔伦

花雪随风不厌看，更多还肯失林峦。
愁人正在书窗下，一片飞来一片寒。

夜泊荆溪

（唐）陈 羽

小雪已晴芦叶暗，长波乍急鹤声嘶。
孤舟一夜宿流水，眼看山头月落溪。

春近四绝句

（宋）黄庭坚

小雪晴沙不作泥，疏帘红日弄朝晖。
年华已伴梅梢晚，春色先从草际归。

次韵张秘校喜雪三首

（宋）黄庭坚

满城楼观玉阑干，小雪晴时不共寒。
润到竹根肥腊笋，暖开蔬甲助春盘。
眼前多事观游少，胸次无忧酒量宽。
闻说压沙梨已动，会须鞭马蹋泥看。

初 寒

（宋）陆 游

久雨重阳后，清寒小雪前。
拾薪椎髻仆，卖菜掘头船。
薄米全家粥，空床故物毡。
身犹付一歃，名字更须传？

（二十一）大雪

大雪是二十四节气中的第二十一个节气。大雪，顾名思义，雪量大。古人云："大者，盛也，至此而雪盛也。"到了这个时段，雪往往下得大、范围也广，故名大雪。我国古代将大雪分为三候："一候鹖鴠不鸣；二候虎始交；三候荔挺出。"

西 江 月

（宋）魏了翁

一段同云似练，更无剩幅间边。
玉娥不怕五更寒。剪就飞花片片。
酒里吟边竞爽，枝头枝底争妍。
入春无物不芳鲜。只我依然颜面。

蓦 山 溪

（宋）向子諲

瑶田银海。浩色难为对。
琪树照人间，晓然是、华严境界。
万年松径，一带旧峰峦，
深掩覆，密遮藏，三昧光无碍。
金毛狮子，打就休惊怪。
片片上红炉，且不可、将情作解。
有无不道，泯绝去来今，
明即暗，暗还明，只个长不昧。

临清大雪

（清）吴伟业

白头风雪上长安，短褐疲驴帽带宽。
辜负故园梅树好，南枝开放北枝寒。

逢雪宿芙蓉山主人

（唐）刘长卿

日暮苍山远，天寒白屋贫。
柴门闻犬吠，风雪夜归人。

终南望余雪

（唐）祖　咏

终南阴岭秀，积雪浮云端。
林表明霁色，城中增暮寒。

(二十二)冬至

冬至是二十四节气中的第二十二个节气，是我国农历中一个非常重要的节气，也是一个传统节日，至今仍有不少地方有过冬至节的习俗。冬至俗称“冬节”“长至节”“亚岁”等。我国古代将冬至分为三候：“一候蚯蚓结；二候麋角解；三候水泉动。”

辛酉冬至

（宋）陆　游

今日日南至，吾门方寂然。
家贫轻过节，身老怯增年。
毕祭皆扶拜，分盘独早眠。
惟应探春梦，已绕镜湖边。

邯郸冬至夜思家

（唐）白居易

邯郸驿里逢冬至，
抱膝灯前影伴身。
想得家中夜深坐，
还应说着远行人。

冬　至

（宋）陆　游

岁月难禁节物催，天涯回首意悲哀。
十年人向三巴老，一夜阳从九地来。
上马出门愁敛版，还家留客强传杯。
探春漫道江梅早，盘里酥花也斗开。

江城子·龙阳观冬至作

（元）尹志平

六阴消尽一阳生。暗藏萌。雪花轻。九九严凝，河海结层冰。二气周流无所住，阳数足，化龙升。　　归根复命性灵明。过天庭。入无形。返复天机，升降月华清。夺得乾坤真造化，功行满，赴蓬瀛。

冬至日独游吉祥寺

（宋）苏　轼

井底微阳回未回，萧萧寒雨湿枯荄。
何人更似苏夫子，不是花时肯独来。

（二十三）小寒

小寒是二十四节气中的第二十三个节气。《月令七十二候集解》中说，“月初寒尚小……月半则大矣”，就是说，在黄河流域，当时大寒是比小寒冷的。又由于小寒还处于“二九”的最后几天里，小寒过几天后，才进入“三九”，并且冬季的小寒正好与夏季的小暑相对应，所以称为小寒。

小　寒

（唐）元　稹

小寒连大吕，欢鹊垒新巢。
拾食寻河曲，衔紫绕树梢。
霜鹰近北首，雊雉隐丛茅。
莫怪严凝切，春冬正月交。

小寒食舟中作

（唐）杜　甫

佳辰强饭食犹寒，隐几萧条带鹖冠。
春水船如天上坐，老年花似雾中看。
娟娟戏蝶过闲幔，片片轻鸥下急湍。
云白山青万余里，愁看直北是长安。

窗前木芙蓉

（宋）范成大

辛苦孤花破小寒，花心应似客心酸。
更凭青女留连得，未作愁红怨绿看。

浣溪沙

（宋）舒　亶

燕外青楼已禁烟。小寒犹自薄胜绵。
画桥红日下秋千。惟有樽前芳意在，
应须沈醉倒花前。绿窗还是五更天。

微　雨

（宋）陆　游

晡后气殊浊，黄昏月尚明。
忽吹微雨过，便觉小寒生。
树杪雀初定，草根虫已鸣。
呼童取半臂，吾欲傍阶行。

（二十四）大寒

大寒是二十四节气中的第二十四个节气。《月令七十二候集解》：“十二月中，解见前（小寒）。”《授时通考·天时》引《三礼义宗》：“大寒为中者，上形于小寒，故谓之大……寒气之逆极，故谓大寒。”我国古代将大寒分为三候：“一候鸡乳；二候征鸟厉疾；三候水泽腹坚。”

苦寒吟

（唐）孟　郊

天寒色青苍，北风叫枯桑。
厚冰无裂文，短日有冷光。
敲石不得火，壮阴夺正阳。
调苦竟何言，冻吟成此章。

村居苦寒

（唐）白居易

八年十二月，五日雪纷纷。
竹柏皆冻死，况彼无衣民！
回观村闾间，十室八九贫。
北风利如剑，布絮不蔽身。

惟烧蒿棘火，愁坐夜待晨。
乃知大寒岁，农者尤苦辛。
顾我当此日，草堂深掩门。
褐裘覆絁被，坐卧有馀温。
幸免饥冻苦，又无垅亩勤。
念彼深可愧，自问是何人？

大 寒 吟

（宋）邵 雍

旧雪未及消，新雪又拥户。
阶前冻银床，檐头冰钟乳。
清日无光辉，烈风正号怒。
人口各有舌，言语不能吐。

大寒出江陵西门

（宋）陆 游

平明羸马出西门，淡日寒云久吐吞。
醉面冲风惊易醒，重裘藏手取微温。
纷纷狐兔投深莽，点点牛羊散远村。
不为山川多感慨，岁穷游子自消魂。

永乐沽酒

（宋）方 回

大寒岂可无杯酒，欲致多多恨未能。
楮币破悭捐一券，瓦壶绝少约三升。
村沽太薄全如水，冻面微温尚带冰。
爨仆篙工莫相讶，向来曾有肉如陵。

参考文献

1. 张颂.朗读学（第三版）.北京：中国传媒大学出版社，2010.

2. 国家语言文字工作委员会普通话测试中心.普通话水平测试实施纲要.北京：商务印书馆，2004.

3. 浙江省语言文字工作委员会.普通话培训测试指南（第二版）.杭州：浙江大学出版社，2004.

4. 吉姆·崔利斯.朗读手册（最终修订版）.北京：新星出版社，2016.

5. 王宇红.朗读技巧.北京：中国广播电视大学出版社，2002.

6. 宋欣桥.普通话朗读训练教程.吉林：吉林人民出版社，1993.

7. 张洁，霍烧白.朗诵指导与作品精选.北京：中国传媒大学出版社，2011.

8. 义务教育教科书.语文（一、二、三年级上下册）.北京：人民教育出版社，2017.

9. 国家教委师范教育司.教师口语.北京：语文教育出版社，2001.

后记

在星辉斑斓里朗读

听
那如此动人的声音
那不是音乐声，不是歌声
那是琅琅读书声

一个人的声音
一个读书人的声音
一个用心吐字的声音
一个含情脉脉、为爱发声的声音

那声音来自稻花香里说丰年的喜悦
那声音来自十年生死两茫茫的哀伤
那声音来自醉卧沙场君莫笑的豪迈
那声音来自仰天大笑出门去的豁达

一个人的声音是温柔的南风
一个人的声音也可以是北国的雪
一个人的声音是一杯香醇的酒
一个人的声音竟也是沁人心脾的茶

声音，最动人的旋律
朗读，是朴素的礼物

《中国孩子的朗读手册》终于和大家见面了！千言万语汇成一句感

谢，感谢赵群筠局长、闫学校长的不断鼓励，感谢王自文老师、许珂老师的大力支持；感谢曹爱卫老师、雷小青老师等众多老师给予的编写意见；感谢大视野教育和山西教育出版社编辑们的细心编校与编排；更要感谢每一位读者温暖的守候，是您的支持让这本书熠熠生辉。

那些关于朗读的故事还在继续，让我们在星辉斑澜里静候动听的声音......

陆智强

2019 年 3 月 西子湖畔

附文

赴一场朗读人的盛筵

2018年5月底在绍兴参加培训，收获颇多，感触颇多。

四个人，恨见晚

萍水相逢，因为一场朗读，所有的人虽觉相见恨晚，但又深觉恰逢其时。在这三天中有幸遇见三位大师——孙伟明老师、朱磊老师、高天阳老师。正所谓山外有山，人外有人，强中自有强中手。在三天的相处和交流中，我深深体味到，他们对朗读的热爱不是简单的热情加爱好，更多的是执着的精神。他们对朗读这门艺术有着近乎偏执和疯狂的爱。

孙伟明老师，我敬佩他对朗诵的执着和钻研 。他的那种认真劲儿让你“毛骨悚然”。磁性的“低音炮”，自带混响 ，男女老少听之皆神魂颠倒。彩排的时候，当孙老师开口说出第一句话时 ，就有老师喊：“ 我的耳朵怀孕了！”孙老师在现场展示《等你，在雨中》，大气而不失细腻的处理，拿捏精妙的情绪细节，层次丰富的意境表达，当然最不能少的还是能冲破一切物质的束缚而直抵心灵柔软处的语言功底，无不证明着他是一位朗读大师。今天早上磊哥跟我透露，凌晨一两点时，孙老师一个人沉静下来，反反复复地练习，一遍又一遍琢磨着动作手势、舞台站位等。按理说，我和孙老师都是参赛选手，存在着竞争关系。可是这三个晚上，孙老师一字一句地指导我，毫无保留地分享他对作品的解读，该在哪些地方做怎样的处理，停一秒和停三秒的感受如何不同，哪怕缓一口气读出来的感觉就不一样了。他对作品把握的细腻程度让人敬畏！敬畏！敬畏！

朱磊老师嘛，颜值没得说，魅力值更是爆表。他那“嘿哟……嘿哟……”的号子声依旧回荡在脑海中。夜晚在酒店，磊哥烧好一壶茶，我们四个人坐着聊人生，聊未来，聊工作，聊生活，聊到尽兴之时便朗诵一曲，虽无丝竹管弦之盛，亦足以畅叙幽情。在工作中，磊哥凭借着自身的努力，一步一步往上走，天天走，抵达他人生中一个又一个隆重的庆典。他对朗读艺术的热爱、对生活的热爱，让他依旧阳光、依旧年轻。

来自江阴的天阳，已经斩获全国少先队辅导员风采大赛一等奖。他高呼的那一句“人民万岁”，冲破天际，穿透太阳，更是直击心灵。我形容他的声音像极了中央电视台主持人康辉的声音，齿载天籁，摇曳春风。我敬佩他文本解读的独到、独特，一篇篇作品在他的演绎之下熠熠生辉。

关于写诗有这样一句话：“功夫在诗外。”其实朗读也是一样，需要有丰厚的文化功底，只有不断提高自身文化素养，才能增强对作品的理解力、感受力，朗读时才可以声情并茂，打动人心。在这个过程中我经历了什么，我想大家都是知道的。男儿要走向远方，走向远方是为了让生命更辉煌……

什么都在改变，但不变的是情感，是热爱，是传承。四个人，来自不同的地方，就因为朗读而相遇。现在我们建立了微信群聊，取名为“兄弟连”。第一次比赛，我们都取得了圆满的战绩，“兄弟连”四人均斩获2018年全国小学语文 “教师好声音”特等奖，实在可喜可贺。（这个奖可是从将近1500个作品中脱颖而出的，现场展示的22个作品都是从一等奖获得者中挑选出来再角逐特等奖的，特等奖的名额为10个。）

一个人，唯感谢

当接到比赛任务时，我一直烦恼朗读作品的选择。《老王》是一篇叙事性的作品，文章很长，叙述语言较多，用这样一篇作品去比赛是比较冒险的。于是，我打通了雷小青老师的电话。我和雷老师分享了选择杨绛先生作品《老王》的缘由：一是这篇课文是七年级下册语文教科书中的选文，我对作品、对杨绛有所了解；二是因为在前些天的晚上，我在路上看到了一位老人睡在路边，这一幕让我有点心酸，我的脑子里一下子浮现出了老王的形象。在我们周围，太多像老王这样虽生活艰难但内心善良、纯朴的人。雷老师听了我的这番话之后，支持我选择这个作品。

昨天晚上九点，我打电话给雷老师。在电话里我朗读了一遍作品，然后细细聆听雷老师为我一字一句地分析，探讨该如何抓住关键词表达情感。每次联系雷老师，雷老师总会第一时间给出她的意见，总会孜孜不倦地、耐心地指导我。她说：“这是应该的。”“应该的”，让我为之动容，为之感谢！

在比赛过程中我看着屠国平教授频频点头，看着莫国夫老师全神贯注的注视，看着现场有的老师默默地擦眼泪，我想，我们都走进了“老王”……

朗读路，道阻长

屠教授一句话让我印象特别深，他说，如果人人都爱朗读，那么我们的社会就会更加安宁，没有那么多争吵。是啊，在这个漂泊浮躁的时代里，朗读能够提供一些确定无疑的东西，一种被称为美感的东西，它足以令人们抵挡生活的迷茫和庸常。朗读，带我们感知诗词、文章的绝美，让我们众里寻他千百度，也让我们有了小小邮票那头的乡愁，让我们的生活中还有诗和远方。

王崧舟教授在现场提出，教师要下的首要功夫，不是针对学生读出什么语气、什么节奏、什么感情进行指导点拨，而是激活学生为什么想读、为什么要读、为什么去读的朗读意愿，即引发学生由“要我朗读”转向“我要朗读”的转变。朗读教学的最终目标和最高境界，乃是让学生成为真正的审美的朗读主体——朗读者。朗读基于人，朗读通过人，朗读为了人。因此，朗读教学不是为了教朗读，而是通过朗读教人。

这一切，让我对语文教学又有了重新的思考和定位。

遇见朗读，那就坚守对朗读的情怀和对文字深深的眷恋。初心也许是一个简单的愿望，凭知识改变命运，靠本事赢得荣誉。坚定初心，坚守初心，让这一颗初心就像一粒种子一样，慢慢长大，长成参天大树。

一路走，一路是风景。美好的人总会相遇。

2018年5月28日凌晨1点

于杭州

图书在版编目（CIP）数据

中国孩子的朗读手册 / 陆智强编著. — 太原 ：山西教育出版社，2019. 8

ISBN 978 - 7 - 5703 - 0458 - 5

Ⅰ. ①中… Ⅱ. ①陆… Ⅲ. ①朗诵—语言艺术—少儿读物 Ⅳ. ①H019 - 49

中国版本图书馆 CIP 数据核字（2019）第 100623 号

中国孩子的朗读手册

ZHONGGUO HAIZI DE LANGDU SHOUCE

出 版 人 雷俊林

选题策划 刘继安

责任编辑 李梦燕

复　　审 海晓丽

终　　审 康　健

装帧设计 李　珍

印装监制 蔡　洁

出版发行 山西出版传媒集团 · 山西教育出版社

（太原市水西门街馒头巷 7 号　电话：0351 - 4729801　邮编：030002）

印　　装 山西康全印刷有限公司

开　　本 787 × 1092　1/16

印　　张 12. 25

字　　数 235 千字

版　　次 2019 年 8 月第 1 版　2019 年 8 月第 1 次印刷

印　　数 1—6 000 册

书　　号 ISBN 978 - 7 - 5703 - 0458 - 5

定　　价 45. 00 元
